Hans Dieter Zimmermann

Martin und Fritz Heidegger

Philosophie und Fastnacht

Hans Dieter Zimmermann

Martin und Fritz Heidegger

Philosophie und Fastnacht

C. H. Beck

Abbildung auf dem vorderen Vorsatz:
Primiz Heinrich Heideggers Pfingsten 1954; rechts Martin und Fritz Heidegger.

Abbildung auf dem hinteren Vorsatz:
Martin Heidegger und Fritz Heidegger (mit Spazierstock) um 1960.

Frontispiz:
Fritz Heidegger im Alter (um 1968).

Abbildung auf Seite 159:
Fritz Heidegger mit Karl Lehmann, heute Bischof von Mainz und Vorsitzender der Deutschen Bischofskonferenz, nach dessen Primiz in Rom (11.10.1963).

Alle Photographien: Familienbesitz Heinrich Heidegger

2., durchgesehene Auflage. 2005
© Verlag C. H. Beck oHG, München 2005
Satz: Fotosatz Reinhard Amann, Aichstetten
Druck und Bindung: Friedrich Pustet, Regensburg
Gedruckt auf holzfreiem, alterungsbeständigem Papier
(hergestellt aus chlorfrei gebleichtem Zellstoff)
Printed in Germany
ISBN 3 406 52881 3

www.beck.de

«Vor allem wollte ich Dir über das Meßkirch-Büchlein schreiben, und zwar den Brief Deines Bruders. Der gehört nun wirklich in dieser noblen, erdnahen Einfachheit in die Reihe jener großen deutschen Briefe, wie sie Walter Benjamin in den dreißiger Jahren gesammelt hat. Kennst Du den Brief des Bruders von Kant? Ganz anders hier, so viel weniger steif, so ungezwungen und mit diesem liebevollen Spott, aber doch irgendwie ähnlich. Auch das Photo ist sehr schön.»

Hannah Arendt über Fritz Heidegger im Brief an Martin Heidegger vom 12. März 1970

──────────────

«Wer Martin nicht als in der Sakristei aufgewachsenen Mesnerbuben kennt, hat seine Philosophie nicht begriffen, wenn auch der äußere Anschein oft anders aussieht.»

Fritz Heidegger über Martin Heidegger im Brief an Pfarrer Franz Ehret vom 28. Dezember 1947

Inhalt

1. Das Städtchen

Der Weg über die Hauptstraße ist in wenigen Minuten zurückgelegt; sie durchquert die Altstadt von Meßkirch. An diesem Samstagnachmittag ist sie leer, nur einige ausländische Jugendliche stehen vor der Pizzeria, gegenüber ein Döner-Imbiß. Ein Café ist schon geschlossen, zwei Geschäfte stehen leer. Das Gasthaus «Zum Löwen», früher ein Mittelpunkt der Stadt, ist verwaist, das Gebäude verkommt. Daneben der prächtige Bau des Rathauses aus dem Ende des 19. Jahrhunderts, vor dem der schöne Brunnen plätschert.

Nur wenige Schritte führen von hier zur Kirche hinauf, die mit ihrem hohen Turm die Stadt beherrscht. Der gotische Hallenbau aus dem 16. Jahrhundert wurde im 18. Jahrhundert erneuert und ist jetzt ein Prachtexemplar des oberschwäbischen Barock. Links vor der Kirche auf dem weiträumigen Platz das Denkmal des Komponisten Conradin Kreutzer, der hier 1780 geboren wurde. In seinem Rücken das einfache, aber stattliche Schloß der Grafen von Zimmern, ein rechteckiger Renaissancebau mit Innenhof, der rechte Flügel nicht vollendet. Dahinter der Schloßgarten, Hofgarten genannt, ein ehemals Französischer Park, der hinten mit einer niedrigen Mauer zum freien Feld hin begrenzt ist. Hinter der Mauer beginnt «der Feldweg», der seit langem asphaltiert ist und mit Eigenheimen links und rechts besetzt – bis zur Schule; danach erst öffnet sich das weite Feld.

Sonntag vor zehn Uhr füllt sich der Parkplatz neben Schloß und Kirche. Der Gottesdienst ist gut besucht, nicht nur von alten Leuten. Nachher stehen sie noch zusammen und plaudern ein wenig. Dann steigen alle wieder ins Auto und verschwinden in ihren Häusern rings um die Stadt.

Die Kirche dominiert immer noch den Ort, nicht nur als Bauwerk. Es gibt sonst nichts. Vielleicht noch die Volksbank am Rande der Altstadt, ein auffallender Neubau, selbstbewußt dem Alten eingefügt. Daneben das Ausstattungshaus, das Möbel und Einrichtungsgegenstände in vielen Schaufenstern feilbietet. Und am Adlerplatz der Supermarkt, in dem es alles gibt, was man sonst noch braucht, mit einem wohl betonierten Parkplatz.

Die Kirche ist dem heiligen Martin gewidmet, nach ihm wurde auch Martin Heidegger von seinen Eltern benannt; schon der Großvater trug diesen Namen. Im Schatten dieser Kirche ist er aufgewachsen. Links von der Kirche stehen drei aneinander ge-lehnte kleine Häuser, das mittlere ist das Mesnerhaus, in dem Hei-deggers wohnten. Der Vater war Mesner oder Küster, also Haus-meister der Kirche.

Der Weg eines, der hinaus wollte aus Meßkirch, war von der Kirche vorgezeichnet, die dem Ort den Namen gab: Messe, also Gottesdienst, und Kirche. (Andere führen den Namen auf einen Grundherrn Messo zurück, also Kirche des Messo.) Der Weg führte über das bischöfliche Konvikt in Konstanz zum Studium der katholischen Theologie nach Freiburg. Freiburg war in gewis-sem Sinne die Hauptstadt der Region als Sitz des Bischofs und ist es heute noch, wenn Meßkirch auch zum Bezirk Tübingen ge-hört. So ist der Weg des Philosophen Martin Heidegger nicht viel anders verlaufen als der des Bischofs Conrad Gröber, der ihm vorausging; eine Tafel an einem Haus hinter der Hauptstraße erinnert an ihn: er wurde Erzbischof von Freiburg. Martin Hei-degger wurde Professor in Freiburg. Was dem einen die Kanzel, wurde dem andern der Katheder. Freilich ist der Unterschied er-heblich: Heidegger verließ die Theologie, von der er gleichwohl ein Leben lang nicht loskam.

2. Die Eltern

Martin Heidegger ist am 26. September 1889 in Meßkirch geboren, sein Bruder Fritz am 6. Februar 1894, die Schwe-ster Marie am 12. November 1891; sie stand etwa in der Mitte zwi-schen den beiden Brüdern, die fünf Jahre trennte.

Es ist heute schwer sich vorzustellen, wie das Leben damals am Ende des 19. Jahrhunderts war. Es gab keine Autos, keine Elektrizität, keine Maschinen, jedenfalls nicht in Meßkirch. Es gab kein Telefon, kein Radio, kein Fernsehen. Die Dampflokomotive, die den Zug nach Meßkirch zog, war lange noch ein Ereignis für Jung und Alt. Pferdefuhrwerke brachten ihre Fracht und Karren dienten dem Transport, hohe mit zwei Rädern, die geschoben wurden, und kleine mit vier Rädern, die gezogen wurden. Die Stadt war voll Leben, alle Häuser waren wohlbesetzt, Familien mit vielen Kindern, die bis in den Abend auf der Straße lärmten. Die kleinen Geschäfte waren den ganzen Tag geöffnet: Bäcker, Metzger, Kolonialwarenhändler. Lederwaren, Kurzwaren, Textilien. Die Handwerker in ihren Gewölben und Hinterhöfen fleißig tagein und tagaus: Küfer, Schneider, Schlosser, Tischler. Sonntags war Ruhetag und alle gingen zur Kirche.

Hier wuchsen die Buben Heidegger mit ihrer Schwester auf. Hier spielten sie am Brunnen vor dem alten Schulhaus, später auch vor dem Rathaus, auf dem Kirchplatz und im Hofgarten. Als sie größer waren, wagten sie sich über die kleine Mauer hinaus auf den Feldweg, wo die freie Aussicht lockte. Am Samstag halfen sie, die Kirche zu säubern, die Schwester half beim Blumenschmuck. Abgebrannte Kerzen wurden ausgetauscht. Als Meßdiener lernten sie die lateinischen Antworten, ohne sie zu verstehen, sie schwenkten das Weihrauchfaß, sie knieten nieder und rasselten die Glöckchen zur Wandlung. Nach der Messe in der Sakristei warfen sie die Kutten ab und stürmten ins Freie.

Auf dem Marktbrückle übten sie das Kügelespielen und auf dem weiten Platz zwischen der Kirche und dem Schloß Fang- und Ballspiele, aber auch hinten im Hofgarten und unten beim alten Schulhaus bis hinaus zum Mettenbach. Martin war der sportlichere, ein ausdauernder Schwimmer im Sommer, ein trefflicher Eisläufer im Winter auf dem Eisweiher neben der Hegelemühle. Und dann kam das Kicken auf, das Fußballspielen. «Ich sehe dich heute noch», erinnert sich Fritz später, «wie Du im Sturm als Linksaußenspieler oft nach einem schneidigen Schuß noch einen Augenblick gespannt verharrtest, bis der Ball haarscharf am Tor vorbeigeflogen war.»

Natürlich gab es auch Indianergefechte und Soldateleskämpfe. Die Meßkircher traten gegen die Gögginger Buben an; aus Göggingen stammte die Mutter. Martin führte die Meßkircher an und der Vetter Gustav Kempf die Gögginger. Mit Holzsäbeln und Stöcken gingen sie aufeinander los. Die Meßkircher gewannen meist, weil Martin einen richtigen eisernen Säbel hatte, den ihm ein Nachbar, der Gerbermeister Fischer, geliehen hatte. Jedenfalls nannten das die Gögginger als Grund ihrer Niederlage.

Fritz erinnert sich in seinem Geburtstagsbrief zum Achtzigsten des Bruders: «Alle Spiele hatten ihren eigenen Höhepunkt. Man war mit vollem Ernst bei der Sache. Die jugendliche Phantasie konnte noch nicht verwöhnt und abgelenkt, noch nicht von Jahr zu Jahr aufgestöbert werden durch immer neue Reize, Erfindungen und Angebote der Industrie und Technik. So genossen die meisten von uns durch alle Lausbubereien hindurch die Wohltat einer seitdem nie mehr erlebten Schwerelosigkeit.»

Die Buben halfen auch in der Werkstatt des Vaters aus, der im Ein-Mann-Betrieb Zuber, Kübel und große Jauchefässer herstellte, besonders gern aber die eichenen Most- und Weinfässer. Jeden Tag, jahraus, jahrein arbeitete der Vater in der Werkstatt, täglich zehn Stunden. Und dazwischen und dazu der Mesner-Dienst in der Kirche.

Der Vater war ein stiller Mann. Er hatte zwar viel Kontakt mit den Menschen, begleitete er doch alle katholischen Taufen, Trauungen und Beerdigungen, doch er sprach wenig und er hielt wenig von den Leuten, die viel redeten und sich über andere ausließen. Nur zu einer öffentlichen Rede ließ er sich gerne bewegen: zum Vortrag des beliebten «Lieds von der Glocke», das er auswendig hersagte. Mit diesem Gedicht Schillers, seiner bürgerlichen Moral, die sich gegen die Gefahren des Lebens behauptet, mag er auch seine eigene Haltung ausgedrückt haben.

Die Mutter war frohgemut und offen. Ungeniert sprach sie mit allen Leuten, sie liebte das Gespräch und die Geselligkeit; «sie verschmähte auch nicht ein Schwätzerle mit ihresgleichen, aber ohne Schwatzbasenallüren», meint jedenfalls Fritz. Die Mutter war dem Leben zugewandt und hatte eine glückliche Hand in allen Dingen. Sie liebte die Blumen, und mit Marie schmückte sie vor den großen Festen die Kirche zur Freude aller. Das Leben sei so schön eingerichtet, daß man sich immer auf etwas freuen dürfe, sagte sie gerne. Und Fritz meint, dahinter habe ihre religiöse Erfahrung gestanden, daß «im Stande der Gnade alles Widerwärtige des Lebens leicht zu tragen sei.»

Die Eltern waren nicht arm und nicht reich. Der Vater hatte ein regelmäßiges Einkommen als Mesner und verdiente mit der Küferei noch erklecklich hinzu. Und doch hieß das wichtigste Wort «sparen», in der Familie und im Ort. «Maßhalten in allem galt als ungeschriebene Grundregel», sagt Fritz. Alles war wertvoll, mußte es doch von Hand gefertigt werden oder – wenn es gekauft wurde – erst mühsam erworben werden. Deshalb wurde auch kein Ding achtlos beiseite geschoben, keines weggeworfen, weil es gebraucht oder beschädigt war. Es wurde geflickt und gestopft, geklopft und gelötet.

Auf dem Werkstattsims lagen Vaters Zigarren, die einer der Jungen im Martin-Füßinger-Laden besorgen mußte; drei gab es für 10, sieben für 20 Pfennig. Eine Zigarre rauchte der Vater nach dem Mittag, eine am Abend nach der Arbeit und eine auch mal zwischendurch, mehr als drei aber nicht.

So wie die Mutter in der Küche stand und kochte und backte unter Mithilfe von Marie, so stand der Vater in der Werkstatt und hobelte und schnitt, wobei ihm die Buben halfen, zunächst Martin, später Fritz. Das von Hand Gemachte, mit Mühe Hergestellte hat seinen besonderen Wert, man behandelt es mit Sorgfalt. Die Sparsamkeit führt zur Achtsamkeit den Dingen gegenüber, man achtet auf sie.

3. Die Gemeinde

Das Leben der Familie war eingefügt in die Pfarrgemeinde und in die Stadtgemeinde, die wiederum deutlich gegliedert war – nach Vermögen und Tätigkeit. Die kleinsten Standesunterschiede wurden scharf markiert. In den Gasthof «Zum Löwen» gingen nur die Honoratioren, ein Arbeiter hätte sich nie getraut, dort ein Bier zu trinken. Der «Heiligvogteirechner» Kauth, ein Verwalter von Kirchengütern, der rechts vom Mesnerhaus wohnte, stand eine Stufe über dem Küster Heidegger und ließ diesen es merken.

«Die krassen, dabei nuancenreichen Standesunterschiede nahm man als selbstverständlich hin; den Klassenstaat konnte man fast vergleichen mit dem indischen Kastenwesen; es fehlten nur noch die heiligen Kühe. Bei aller Vaterlandsliebe gab es zwei getrennte Welten: die Obrigkeit und die Untrigkeit. Das Nationalgericht für das Fußvolk bestand seit Jahrhunderten aus lauter Bücklingen, gewürzt und gepfeffert mit Drill und Prügelpädagogik. Darüber ist nun schon längst Gras gewachsen, manchmal ein bißchen zu viel.» So Fritz Heidegger im Geburtstagsbrief.

1896 erhob der «Verein für Socialpolitik» eine Studie über die wirtschaftliche Lage in Meßkirch; ihn trieb die Sorge um das Handwerk, das sich gegen die wachsende Großindustrie zu behaupten suchte. Von den 130 Handwerksbetrieben in Meßkirch hatten 83 nur einen Steuersatz von 500 bis 2 000 Mark; sie lagen also im unteren Bereich des Sozialniveaus. Die meisten Handwerker und ihre Familien hungerten nicht, aber große Sprünge konnten sie auch nicht machen. Und nach den Handwerkern gab es noch die vielen kleinen Leute, die sich als Handlanger und Dienstmädchen, als Knechte und Mägde verdingen mußten und meist nicht mehr als das Essen erhielten und ein Dach über dem Kopf.

Die Familie des Mesners Heidegger lebte ebenfalls auf dem unteren Niveau. 1903 hatte sie ein Grundvermögen von 2 000 Mark und einen Einkommensteueranschlag von 960 Mark. Davon konnte die Familie gerade leben, aber ihre Kinder auf weiterführende Schulen schicken konnte sie nicht. Denn in Meßkirch gab es nur eine Bürgerschule, kein Gymnasium. Wer das Gymnasium besuchen wollte, mußte neben der Bürgerschule noch das obligatorische Latein lernen, um dann nach Abschluß der 8. Klasse Meßkirch zu verlassen und in ein Internat zu gehen. Das war für einfacher Leute Kind unerschwinglich. Auch für die Heideggers.

Hier half die Kirche, nicht ganz uneigennützig, hoffte sie doch, daß die begabten Zöglinge späterhin Theologie studierten und den geistlichen Stand wählten. So erhielt auch der begabte Martin – wie nach ihm der aufgeweckte Fritz – zunächst Lateinunterricht vom Stadtpfarrer Camillo Brandhuber. Als er 14 Jahre alt war, im Herbst 1903, wechselte er auf das Konstanzer Gymnasium; er wohnte im Erzbischöflichen Konvikt, dem sogenannten Konradihaus.

Fritz war damals neun Jahre alt. Fürderhin sahen sich die Brüder nur noch in den Ferien. Als Fritz ebenfalls nach der Bürgerschule und dem privaten Lateinunterricht aufs Gymnasium nach Konstanz kam und ins Konradihaus, war Martin schon nach Freiburg weitergezogen. Nur auf dem Freiburger Gymnasium konnte er in den Genuß eines Stipendiums der Eliner-Stiftung gelangen.

Pfarrer Camillo Brandhuber, der die Begabung der beiden Buben erkannt und die Grundlage für ihren weiteren Bildungsgang gelegt hatte, war ein bekannter Politiker und Volksredner. Als Vertreter des Zentrums, der Partei der Katholiken, machte er noch Karriere. 1908 wurde er Abgeordneter im Preußischen Landtag für Hohenzollern-Sigmaringen, er war damals Pfarrer in Hechingen; nach 1918 war er Präsident des Hohenzollernschen Kommunallandtages bis 1922.

Das Zentrum hatte im Kulturkampf die Interessen der römischen Katholiken vertreten, die im Kaiserreich doppelter Anfeindung ausgesetzt waren: von nationaler Seite, weil sie eben international und an Rom orientiert waren, und von liberaler Seite, weil sie als zurückgeblieben galten. Bismarck und das protestantische Preußen wurden in ihrem Kampf gegen die «Ultramontanen» von den Nationalliberalen unterstützt, die auch bereit waren, ihre liberalen Prinzipien zu vergessen, wenn es gegen den «alten Aberglauben» ging.

In Meßkirch wie im ganzen südlichen Gebiet des Großherzogtums Baden kam es zu einer Spaltung der Katholiken nach dem Vatikanischen Konzil von 1870, auf dem der päpstliche Primat und die päpstliche Unfehlbarkeit in Glaubenssachen verkündet worden waren. Die Altkatholiken, die sich von Rom lossagten, standen gegen die an Rom weiterhin festhaltenden Katholiken. Die Altkatholiken gehörten vor allem dem besser gestellten Bürgertum an, so daß die religiöse Auseinandersetzung auch eine soziale war. Die kleinen Leute blieben der römischen Kirche treu und ernteten dafür Spott und Hohn.

Die Altkatholiken wurden von der liberalen badischen Regierung unterstützt und gefördert. In Meßkirch erhielten sie die Erlaubnis, ebenfalls die Martinskirche zu nutzen, die ansonsten den römischen Katholiken gehörte. Das führte zu deren Rückzug. Sie gaben die Kirche auf und richteten 1875 im Fruchtspeicherbau nahe dem Schloß eine neue Kirche ein. In einem Flügel des Baus konnte Vater Heidegger seine Werkstatt einrichten. In der Notkirche wurde Martin 1889 getauft, Fritz 1894.

Die römischen Katholiken hatten eine schwere Zeit, sie wurden nicht nur diffamiert, sondern auch im öffentlichen Leben weitgehend ausgegrenzt. Die Lehrer durften an der Bürgerschule nur weiterhin unterrichten, wenn sie sich zu den Altkatholiken bekannten. Die Kinder der römischen Katholiken hatten in der Schule und auf dem Nachhauseweg arg zu leiden.

Conrad Gröber erinnert sich später daran: «Wir wissen es aus der eigenen bitteren Erfahrung, wieviel Jugendglück in jenen rauhen Jahren zerstört wurde, wo die reicheren altkatholischen Kinder die ärmeren katholischen Kinder abstießen, ihre Geistlichen und sie selbst mit Übernamen belegten, sie durchprügelten und in Brunnentröge tauchten, um sie wiederzutaufen. Wir wissen leider auch aus der eigenen Erfahrung, wie die altkatholischen Lehrer die Schafe von den Böcken schieden, die katholischen Schüler mit dem Kosenamen «schwarze Siechen» belegten und es handgreiflich fühlen ließen, daß man nicht ungestraft auf römischen Pfaden wandeln dürfe. Sie waren ja alle bis auf einen abgefallen; sie mußten sich den Altkatholiken anschließen, wenn sie in Meßkirch eine Stelle erhalten wollten. Es hat sich auch viel später noch gezeigt, daß man nur durch Religionswechsel ein Ämtchen in der Ablachstadt erobern konnte.» Diese Erfahrung des älteren Gröber mag den jüngeren Heidegger-Kindern erspart geblieben sein, jedenfalls in der Schärfe, in der Gröber sie erlebte. Aber die Erfahrung, daß die römischen Katholiken von den aufgeklärten, einflußreichen und wohlhabenden Bürgern als zurückgeblieben verachtet wurden, die haben sie auch noch gemacht. Und daß es der Karriere unter Umständen förderlich ist, wenn man sich von der römischen Kirche trennt.

Vater Heidegger blieb der Kirche treu. Als sich die scharfen Kämpfe beruhigten und die römische Kirche sich als beständig erwies, kam es schließlich zu einer Verständigung.

Die Zahl der Katholiken war in Meßkirch dreimal größer als die der Altkatholiken. Die badische Regierung gab nach. 1895 erhielt die römische Kirche ihren Besitz zurück, auch das Mesnerhaus am Kirchplatz, in das die Familie Heidegger einzog. Die Altkatholiken hatten die Liebfrauenkirche an der Ablachbrücke übernommen. Am 1. Dezember 1895, dem ersten Adventssonntag, dem Beginn des katholischen Kirchenjahres, erfolgte der feierliche Einzug der Katholiken in ihr altes Gotteshaus. Der altkatholische Mesner hatte zuvor den Schlüssel zur Kirche dem sechsjährigen Martin ausgehändigt, er wollte offensichtlich dem Vater aus dem Weg gehen.

Der Vater war nicht verbittert. Was er erlebt hatte an Fanatismus auf beiden Seiten, machte ihn nachdenklich. Nach und nach fand er zu einer Toleranz, die auch die Altkatholiken einschloß, nicht zuletzt den freundlichen altkatholischen Pfarrer Xaver Wagner, der im Haus links vom Mesnerhaus wohnte. Fritz: «Das Maßhalten in allem galt als ungeschriebene Grundregel. Darin war mit enthalten die Toleranz Andersdenkenden gegenüber.»

4. Der Glockendienst

Mit dem Einzug ins alte Mesnerhaus begann der Glockendienst der Mesnerbuben, die dabei von anderen Jungen unterstützt wurden: den Läutebuben. Die Kirchenglocken mußten natürlich von Hand bewegt werden. An den langen dicken Seilen mußten die Kinder mit ihrer ganzen Kraft ziehen und dann wieder nachlassen, aber nicht zu sehr, damit die Glocken im rechten Takt hin und herschwangen, eine Kunst, die nicht leicht zu lernen war. Jede Glocke, eine nach der anderen, mußte im rechten Moment einsetzen, bis alle zusammen erklangen im vollen Geläut. Genauso schwer wie das Einläuten war das Ausläuten. Die Klöppel mußten im vollen Schwingen der Glocken aufgefangen und angehalten werden. Wenn einer die Glocke fahren ließ, gab es ein arges Durcheinander.

Jede Glocke hatte ihr eigenes Gewicht, ihren eigenen Ton und ihren Namen. «Das Dreie», die kleinste Glocke, wurde jeden Nachmittag um drei Uhr geläutet. Die meisten Menschen hatten keine Uhr und waren auf die Turmuhr und die Glockenzeichen angewiesen. Da die Mesnerbuben «das Dreie» läuten mußten, hatten sie ihr Spiel entsprechend einzurichten; sie durften sich nicht zu weit entfernen, weshalb sie mitunter auch in der Glockenstube oder im Gebälk des Turmes spielten. «Das Dreie» war auch die Sterbeglocke, die nach dem Tod eines Menschen geläutet wurde. Dieses Läuten besorgte der Mesner selbst.

Auf «das Dreie» folgte «das Alve» und dann «das Kinde», das zur Kinder- und Christenlehre anschlug und zu den Rosenkranzandachten am Abend. «Die Elfe» läutete täglich um elf, «die Zwölfe» um zwölf Uhr. Sie wurden vom Vater geläutet, da die Kinder in der Schule waren. Dann gab es noch «die Klanei», auf die der Stundenhammer schlug, und schließlich «die Große», die das morgendliche Einläuten an Fest- und Sonntagen beendete.

Neben diesen sieben Glocken gab es noch «das silberne Meßglöckle», das an einem dünnen Seil, das durch den Turm hindurch bis zum Eingang der Sakristei führte, geläutet wurde. An diesem Glöckchen zog der Mesner vor der heiligen Wandlung, wenn Brot und Wein in Fleisch und Blut Christi verwandelt werden. Es war das Zeichen für die Buben in der Glockenstube, daß sie mit einer Glocke «zur Wandlung» läuten sollten.

An den Kartagen wird nicht geläutet, also vom «Abendmahlsamt» am Gründonnerstag bis zum «Auferstehungsamt» am Karsamstag. Es ist die Zeit, in der Jesus Christus gemartert und gekreuzigt und begraben wurde. Hier gab es nur das «Rätschen». Eine Kurbel setzte einige Holzhämmer in Gang, die auf hartes Holz schlugen, ein hartes und trockenes Geräusch, mit dem an diesem Tage zum Gottesdienst gerufen wurde. Dann aber kam Ostern, die Auferstehung des Herrn wurde prächtig gefeiert, und alle Glocken läuteten. Der Vorfrühling lag in der Luft, und die ersten Krokusse zeigten sich.

So war der Tag geordnet durch den Klang der Glocken: Morgen, Mittag und Abend. Und die Woche durch ihr festliches Ende, den Ruhetag, den Sonntag. Und geordnet war der Jahreslauf mit seinem Kreis von kirchlichen Festen, die dem natürlichen Gang des Jahres entsprechen: Advent, Weihnachten, Heilige Drei Könige, Fastnacht, Fastenzeit, Ostern, Pfingsten, Fronleichnam, mit dem Fest Johannes des Täufers, mit dem Fest der Apostel Petrus und Paulus, mit Allerheiligen und Allerseelen Anfang November und schließlich mit dem Fest des Heiligen Martin, des Schutzpatrons der Kirche von Meßkirch.

Martin Heidegger hat sich dessen im Alter erinnert: «Die geheimnisvolle Fuge, in der sich die kirchlichen Feste, die Vigiltage, und der Gang der Jahreszeiten und die morgendlichen, mittäglichen und abendlichen Stunden jedes Tages ineinanderfügten, so daß immerfort ein Läuten durch die jungen Herzen, Träume, Gebete und Spiele ging …»

Und der Feldweg, der hinausläuft aus dem begrenzten Bezirk der Stadt und des Parks. Aus dem Hofgartentor führt er zum Ehnried, das kommt wohl von «ennet dem Ried», also jenseits des Ablachried. An Feldern und Wiesen vorbei, die im Sommer Frucht tragen und grünen und im Winter unterm Schnee liegen, über denen die Sonne glüht und der Regen rauscht und der Wind fegt.

Der Feldweg biegt am Kruzifix zum Wald hin, an dessen Rand eine Bank steht. Bei gutem Wetter kann man den Rand der Alpen sehen. Vom Ehnried geht der Weg wieder zurück zum Hofgarten. Am Abend leuchten die Sterne hell auf dem schwarzen Grund des Himmels, der noch nicht durch künstliches Licht ergraut ist. Das breite Band der Milchstraße hebt sich von ihm ab. Heute ist es nur in entlegenen Gegenden noch zu sehen, über den Städten nicht mehr.

In der Nacht ist es still, so still, wie wir es heute nicht mehr erleben können. Die Glocke vom Turm der Martinskirche schlägt. Dann ist wieder Stille. Martin Heidegger später: «Die Stille wird mit dem letzten Schlag noch stiller. Sie reicht bis zu jenen, die durch zwei Welt-Kriege vor der Zeit geopfert sind.»

5. Die Vorfahren

Martin, Marie und Fritz Heidegger haben ihre Großeltern nicht kennengelernt. Die Großeltern väterlicherseits und mütterlicherseits starben vor ihrer Geburt. Alle Vorfahren der drei waren seit Generationen römisch-katholischer Konfession. Martin Heidegger, der Vater des Vaters, wurde am 11. November 1803, am Martinstag, in Leibertingen geboren; das liegt etwa auf halbem Wege zwischen Meßkirch und Beuron. Dorthin nach Leibertingen waren die Heideggers 1649 aus Oberösterreich eingewandert. Natus in ovile, also geboren im Schafstall, steht im Taufregister Beuron, denn der Großvater war im Schafhof an der Donau, drei Kilometer von Beuron entfernt, aber Gemarkung Leibertingen, zur Welt gekommen.

Dieser Großvater zog am 11. Februar 1830 nach Meßkirch, wo er als Schuhmacher seinen Unterhalt verdiente. Es war dies der Tag seiner Hochzeit mit seiner ersten Frau Theresia Merk aus Meßkirch, die früh verstarb; ein Sohn blieb ihm aus dieser Ehe. Die zweite Frau, Walburga Rieger, 1815 geboren, stammte aus Gutenstein, einem Ort des Amtes Meßkirch. Auch sie starb früh:

am 5. April 1855 in Meßkirch. Da war ihr Sohn Friedrich erst vier Jahre alt. Dieser frühe Verlust der Mutter mag zur Verdüsterung und Wortkargheit Friedrichs beigetragen haben. Der Großvater heiratete am 12. Februar 1857 ein drittes Mal; aus seiner Ehe mit Katharina Möhrle stammten keine Kinder. Er starb am 19. November 1881 in Meßkirch.

Friedrich, geboren am 7. August 1851 in Meßkirch, heiratete erst mit 36 Jahren am 9. August 1887 Johanna Kempf aus Göggingen, das einige Kilometer östlich von Meßkirch liegt. Dort in Göggingen ist sie als eines von neun Kindern des Bauern Anton Kempf und seiner Frau Justina am 21. März 1858 geboren worden. Anton Kempf, geboren am 7. Juli 1811 in Göggingen, verstarb dort am 3. Juli 1863. Seine Frau Justina, gebürtige Jäger, am 25. September 1818 in Göggingen geboren, überlebte ihn um mehr als 20 Jahre. Sie starb am 17. April 1885.

Familie Kempf lebte seit 1662 auf dem Lochbauernhof in Göggingen, den sie zu bäuerlichem Lehen vom Zisterzienserinnenkloster Wald bei Pfullendorf erhalten hatte. Der Hof blieb als Erblehen in der Familie, ein stattliches Anwesen mit achtzig Morgen Feld, mit Wiesen und Wald. Großvater Anton Kempf konnte im Rahmen der «Bodenbefreiung» 1838 den Hof gegen eine Summe von 3 800 Gulden kaufen. Als freier Bauer auf freiem Grund heiratete er 1839 Justina Jäger aus der Familie der Gögginger Adlerwirte.

Martin und Fritz besuchten in Kindheit und Jugend oft den Lochbauernhof, wo der Vetter Gustav Kempf aufwuchs, der später katholischer Geistlicher wurde. Einige Zeit begleitete er Martins Schul- und Studienzeit. Bei seinem Tode 1972 erinnerte sich Martin an das «sorglose Leben» der Buben, die auf dem Lochbauernhof ihre fröhlichen Spiele trieben, «nichtsahnend von den kommenden Weltkriegen». Im Zweiten Weltkrieg sind die Erben des Bauernhofs gefallen.

Friedrich Heidegger und seine Frau Johanna, geborene Kempf, hatten die drei Kinder Martin, Marie und Fritz. Martin Heidegger, der Philosoph, heiratete mit 28 Jahren im März 1917 Elfride Petri, die Tochter eines sächsischen Offiziers, die in Freiburg Nationalökonomie studierte, was für eine Frau damals durchaus ungewöhnlich war. Elfride Petri war eine Anhängerin der Frauenrechtlerin Gertrud Bäumer. Marie Heidegger heiratete 1921 mit 30 Jahren Rudolf Oschwald in Meßkirch; sie starb am 2. Mai 1956 mit 65 Jahren. Martin Heidegger wurde 86 Jahre alt, er starb am 26. Mai 1976, der Bruder Fritz starb mit 86 Jahren am 26. Juni 1980.

Besucht man heute den Friedhof in Meßkirch, findet man leicht den Weg zum Grab des Philosophen. Er ist gut beschildert. Es ist nicht nur sein Grab und das seiner Frau Elfride, geb. Petri, es ist auch das Grab seiner Eltern und das seines Bruders Fritz und dessen Frau. Drei Grabsteine stehen mit Abstand nebeneinander. Auf dem rechten sind die Namen und Lebensdaten der Eltern Friedrich Heidegger und Johanna, geb. Kempf, verzeichnet, auf dem linken die des Bruders Fritz und seiner Frau Elisabeth, geb. Walter. Auf dem mittleren stehen die Martin Heideggers und seiner Frau.

Der Grabstein in der Mitte ist eine Handbreit höher als die Grabsteine links und rechts. Auf den beiden Steinen links und rechts ist über den Namen der Verstorbenen ein einfaches Kreuz eingezeichnet, auf dem mittleren Stein fehlt das Kreuz. An seiner Stelle ist eine kleine goldene sechsblättrige Rosette angebracht; dies auf Wunsch Martin Heideggers und seiner Frau: «Auf einen Stern zugehen, nur dieses», heißt es in «Aus der Erfahrung des Denkens».

6. Der Fritz

Fritz Heidegger war in Meßkirch der berühmtere der beiden Brüder. Jeder kannte ihn. Martin sah man vor 1939 nur selten in Meßkirch; danach kam er mehrmals zu Arbeitsbesuchen, denn der Bruder schrieb seine Manuskripte ab. Erst ab den fünfziger Jahren, als Martin häufiger beim Bruder wohnte und in Meßkirch seinen 70. und 80. Geburtstag feierte und schließlich Ehrenbürger der Stadt wurde, kehrte sich der Ruhm auch in Meßkirch dem Philosophen zu. Freilich gab es dann immer noch welche, die munkelten, der Fritz sei der Verfasser der Werke des Bruders; dem Fritz trauten sie diese eher zu als dem Martin, von dem nun alle Welt sprach.

In Meßkirch kannte jeder, auch wenn er von dem Philosophen noch nicht gehört hatte, den Heidegger Fritz. Der war Bankier, heute sagt man Banker, der Kreditkasse, die später mit der Volksbank fusionierte. Er saß in ihrem Vorstand. Als Kassier oder Kassierer hatte er der Bank zuvor lange gedient, so daß die Kunden von ihm am Schalter ihr Geld erhielten, ihre Scheine, weshalb er sich denn auch ironisch einen «Scheinwerfer» nannte. Er konnte blitzschnell die Geldscheine zählen und wie ein Kartenspiel auf die Theke werfen, dabei noch ein paar Worte mit dem Kunden plaudernd. Die Summe stimmte immer, heißt es.

Bekannt war der Bankier vor allem wegen seiner Fastnachtsreden, die er einige Male hielt, die erste 1934, die letzte 1949. Wenn er das Wort ergriff, dann wurde seine Rede zum Höhepunkt der Meßkircher Fastnacht. Fritz war schließlich das, was man ein Original nannte und was es damals in jeder kleinen Stadt gab: ein origineller Mensch, ein eigenwilliger mit Ecken und Kanten, ein wenig anders als die andern. Von Fritz Heidegger werden noch heute Anekdoten in Meßkirch erzählt.

So hieß es also lange in Meßkirch, wenn vom Freiburger Philosophen die Rede war: Heideggers Bruder. Heidegger war der berühmte Fastnachtsredner. Der hatte in Freiburg einen Bruder, der auch von sich reden machte, aber bei weitem nicht so berühmt war wie der Fritz, jedenfalls in Meßkirch nicht und im Heuberger Land. So fragte ein Meßkircher einmal den Schwager von Fritz Heidegger: «Anton, wer ist der Mann da neben Fritz, sieht aus wie Fritz?» Darauf Anton: «Das ist sein Bruder, ein Professor, ein Philosoph.» «Was ist denn das, ein Philosoph? Ah, ich weiß, einer, der viel sooft», also viel trinkt.

«Mein Bruder ist der Philosoph, ich bin der viel sooft», soll später Fritz den Spruch verändert haben, denn er besuchte gerne die Weinkneipen zum Dämmerschoppen. Auch dafür war er berühmt.

Fritz Heidegger wurde an einem Fastnachtsdienstag, am 6. Februar 1894, geboren; er hat dieses Geburtsdatum stets als Grund seiner Vorliebe für die Fastnacht genannt, für seine «ursprüngliche Narrheit». So berichtete er auch in einer «Fasnetsrede» auf launige Art von der schweren Geburt: «An jenem Fasnachtsdienstag, morgens um 7 Uhr 30, als vielleicht der Fauler Xavere, der Dedele und andere alte liebe Meßkircher Originale nach Hause torkelten vom Fasnachtsjubel, erblickte einer, der heute unter euch weilt, das Licht der Welt und zwar in der Schloßstraße 12, in jenem alten Patrizierhaus mit dem hohen Giebel.»

Dem Fastnachtsdienstag folgt der Aschermittwoch, mit dem die Fastenzeit beginnt: «Bei dem kleinen Erdenwurm in der Schloßstraße fing es am Aschermittwoch an: Erbrechen, Gerben, fürchterliches Abweichen. Wie es eben am Aschermittwoch üblich ist. Der Arzt wurde bedenklich. Er meinte, der kleine Kerl krepiert. Und am Freitagmorgen war es so, daß man schleunigst zur Kirche schritt, zum Nottaufen – um zehn Uhr morgens … In der Schule war gerade Zehn-Uhr-Pause. Als die Gotte (Patin) mit der Hebamme vorbeischritt – der Götte (Pate) war beim Mistbreiten im Härdtle draußen – bekam ein Bub im Hausgang eine schallende Ohrfeige, denn damals herrschte in der Pädagogik noch der Grobianismus; es gab täglich schlagende Wetter.»

Der Säugling überlebte. Doch – «der Lebensschmerz fängt bei dem einen heute an, bei dem anderen morgen» – dem lustigen Anfang des Fastnachtsdienstags war ein schmerzlicher Aschermittwoch gefolgt. Und so war nicht nur die «ursprüngliche Narrheit», wie er meinte, sondern auch die schwermütige Nachdenklichkeit ihm gegeben; beides begleitete ihn sein Leben lang.

Karl Gommeringer erinnert sich in seinem «Spaziergang durch das alte Meßkirch» an den Kirchberg, auf dem auch die Heideggers ihr Haus hatten: «Neben der Kirchentreppe wohnte Chrisegon Kauth, ein vielbeschäftigter Mann. Im Untergeschoß hatte er den Friseurladen. Er war Dirigent bei der Stadtmusik und beim Kirchenchor, sowie Organist. Neben ihm hatte Baby-Fecht sein Geschäft. Der Mesner Heidegger wohnte oberhalb. In diesem Haus ist der Philosoph Martin Heidegger aufgewachsen.

Auch Fritz hatte eine geniale Ader, aber der arme Mesner konnte nur einen studieren lassen, so erlernte eben Fritz das Bankfach. Nebenbei war er aber Meßkirchs bester Narrenphilosoph. Es ist jammerschade, daß es damals keine Tonbänder gab. Seine Reden an der Fasnet strotzten vor Satire. Der alte Mesner Heidegger holte uns Buben immer, wenn geläutet werden mußte, aus der Schule. Er brauchte Hilfe, denn das Läuten besorgte man damals noch von Hand. So wurde der Turm zu unserem beliebtesten Spielplatz. Auch die Wohnung des Vikars war noch neben dem Haus Heidegger.»

Mesner Heidegger konnte nicht nur Fritz nicht studieren lassen, er konnte auch Martin nicht studieren lassen. Beide waren auf Stipendien angewiesen. Doch daran scheiterte das Studium von Fritz nicht. Daß er schon bald aus Konstanz nach Hause zurückkehrte, hatte andere Gründe. Zunächst hatte auch er die Bürgerschule besucht und privaten Lateinunterricht erhalten, nicht vom Pfarrer, sondern vom Vikar. Auch er sollte das Gymnasium in Konstanz besuchen, um danach katholische Theologie zu studieren. Und das war auch sein Wunsch.

Er zog also ins Konradihaus. Doch ein Leiden verstärkte sich, das sich zuvor schon gezeigt hatte, aber nicht so stark wie nun im Konvikt: das Stottern. Hätte er zuvor schon stark gestottert, hätte man ihn nicht nach Konstanz empfohlen. Die strenge Schule – nicht ohne Grund erinnert sich Fritz immer wieder an die «schlagenden Wetter», an die prügelnden Eltern und Erzieher – machte ihm wohl zu schaffen. Er fühlte sich gehemmt, gestört, er konnte sich nicht offen äußern, frei entwickeln. Was er sagen wollte, sagen sollte, brachte er nicht heraus. Peinvolle Minuten des vergeblichen Versuchs, bis endlich das begonnene Wort zu Ende gesprochen war. Es war schrecklich. Er hatte Sehnsucht nach dem freundlicheren Zuhause. Dort unter dem Schutz der Mutter war es ihm besser gegangen, aber dort konnte er nicht das Gymnasium besuchen.

Das Stottern wurde so stark, daß man ihm mit einer Sprachschulung zu helfen suchte, doch vergeblich, er erhielt schließlich das «concilium abeundi», den Rat, die Schule zu verlassen. Das war damals ein verheerendes Urteil, ein Todesurteil für eine Karriere im bürgerlichen Leben, und Fritz hat wohl Zeit seines Lebens darunter gelitten. Nun war ihm der Weg zu einem akademischen Beruf, gar zu dem Beruf des Geistlichen, dem er sich geneigt fühlte, für immer verschlossen. Ab 1910 versuchte er, immer noch durch sein Stottern behindert, an mehreren Stellen eine Büro-Arbeit zu erreichen, so etwa beim Amtsgericht oder beim Grundbuchamt.

Die Eltern schickten ihn schließlich auf eine Sprachschule nach Breslau, von dort kam er 1913 nach Berlin, wo er einige Zeit im Büro arbeitete. Immerhin hatte er auf diese Weise etwas von der Welt kennengelernt, auch die große Stadt Berlin, die seinem Bruder verschlossen blieb. Gegen Ende des Krieges, 1917, wurde er noch Soldat. 1919 begann er bei der Volksbank in Salem, kehrte aber schon 1920 nach Meßkirch zurück. Der Vater war kränklich, die Eltern riefen, Fritz kam und sorgte für den Vater.

Von nun an blieb er in Meßkirch. Er arbeitete bei der Kreditkasse und er half dem Vater beim Mesnerdienst. Den kannte er von Kindheit an. Am 1. Februar 1924 gab der Vater, der schon sehr schwach war, den Mesnerdienst auf. Er starb bald darauf am 2. Mai 1924. Die Mutter konnte mit Fritz noch im Mesnerhaus wohnen bleiben. Doch nun machte Fritz sich selbständig.

Er heiratete am 15. Oktober 1925 mit 31 Jahren Elisabeth Walter und begann, ein Häuschen für seine Familie zu bauen. Nach Ostern 1926 zogen Fritz und Elisabeth Heidegger in ihr neues Haus. Am 20. September 1926 wurde ihr erstes Kind geboren, der Sohn Thomas, der spätere Forstdirektor in Bonndorf, am 31. März 1928 folgte ihm Heinrich, später katholischer Pfarrer in St. Blasien, und schließlich am 24. Dezember 1929, an Heiligabend, kam der Sohn Franz zur Welt, der Kaufmann wurde und schon 1955 mit 25 Jahren an den Folgen einer Blinddarmoperation starb.

Die Mutter Johanna war am 3. Mai 1927 fast auf den Tag genau drei Jahre nach ihrem Mann gestorben; ihr Sohn Martin hatte ihr gerade noch die eben erschienene Ausgabe seines Werkes «Sein und Zeit» überreichen können.

7. Der Narr

Er wäre ein vorzüglicher Prediger geworden. So wurde er ein großartiger Fastnachtsredner. Ausgerechnet ein Stotterer hielt die glanzvollsten «Fasnetreden» in Meßkirch über viele Jahre hin. Aus dem ganzen Heuberger Land eilten seine Anhänger herbei, wenn er als Redner angekündigt war. Auf dem Platz am Marktbrückle standen sie eng gedrängt, sobald er auf sein Gerüst stieg.

«Der Großnarren gab es früher viele», erinnert sich Karl Gommeringer, «ich will aber nur die größten davon nennen: Stelzle, Anton Vogler sen., der Unübertroffene war jedoch Fritz Heidegger. Der Fritz hatte die besten Einfälle und er konnte einfach alles. So schrieb er auch einen Einakter für die Fasnet. Das Stück trug den Titel: Friedrich Freigewesen. Es schildert das Leben eines Männchens, das es vom Sautreiber bis zum Großgrundbesitzer gebracht hatte.» Eine der Figuren des Einakters hieß Friedrich Freigewesen, das Stück aber trug den Titel «20 Millionen Dollar – verstoscht – in bar»; die anderen Figuren hießen Xaver Vielzuwenig, Quirinus Niegenug, Hilarius Nieverlegen; das Stück wurde 1936 aufgeführt.

In seinen Fasnetsreden hatte er, merkwürdig genug, keinerlei Schwierigkeiten zu sprechen. Flüssig kam die Rede aus seinem Mund, unterbrochen nur von Beifall und Gelächter der Zuhörer. Er überwand jedes Hindernis, an dem er sonst hängen blieb. Sobald er auf der Rathauskanzel stand, so ein Freund, waren seine Hemmungen wie weggeblasen. «Nur wenn es ernscht wurde, no hot er 's nimme rausbrocht.» Nur wenn es ernst wurde, hat er es nicht mehr herausgebracht. Aber auch in den Fasnetsreden wurde er bisweilen ernst und blieb doch nicht stecken.

Über dieses Steckenbleiben mitten im Wort und das unverhoffte Fortfahren berichtet eine Verwandte Luzia Braun, die Fritz Heidegger von klein auf erlebte. Einmal rief er ihre Mutter «S'Klärle», kam aber zunächst nicht über «Kllä.., Kllä ...» hinaus, bis endlich «Kläranlage» aus ihm herausplatzte. «Llu..,

Llu..» begann er den Namen Luzia, doch es kam anders: «Lux aeterna» bricht es endlich aus ihm heraus: das ewige Licht.

Luzia: «Ich liebte es als Kind, dir zuzuschauen, wie du zu sprechen anhobst. Zuerst holtest du Luft, dann rollten ganz unten aus dem Bauch die Laute an wie ein Gewitter aus dem Donautal und machten sich polternd auf den Weg zum Mund, um sich schließlich auf deinen Lippen zu sammeln. Du wurdest lauter und lauter, die Buchstaben drängten nach draußen – und endlich entlud sich das Angesammelte. Dein dichter Schnurrbart stand wie ein Ausrufezeichen über den in die Freiheit entlassenen Wörtern, und dein breiter Bauernschädel neigte sich nach unten zur Brust hin, als wolltest du in dich hineinhorchen, ob noch etwas nachkommt.»

Wer ein solches Verhältnis zum Sprechen hat, dem ist das Sprechen nicht selbstverständlich. Es ist ein Akt, der jedesmal Anstrengung verlangt, also auch Vorbereitung und Nachdenken. Er hat eine Distanz zum Sprechen und zur Sprache. Die Worte zerfallen ihm in ihre Bestandteile: in Silben, in Buchstaben, in Konsonanten und Vokale. Er dreht das Wort so lange herum, bis es ihm seinen Sinn preisgibt oder einen neuen Sinn bietet, den es vorher nicht hatte. Den Bedeutungskern des Wortes, seine wahre, seine ursprüngliche Bedeutung in seinen Lautbestandteilen zu finden, ist ja eine Methode des Bruders Martin, der keinerlei Schwierigkeiten im Sprechen hatte. Martin ist dabei die Erkenntnis der Sprachgeschichte so gleichgültig wie Fritz die Gewohnheit der normalen Sprecher.

Bei beiden mag die Erfahrung der im Dialekt aufgewachsenen Jungen eine Rolle spielen, die erst die Hochsprache in der Schule lernen mußten. Eine gewisse Distanz zu der eingelernten Sprache bleibt. Hochdeutsch war eine Art Fremdsprache, die sie von außen betrachteten. Fritz souverän auch im Umgang mit den Fremdworten, Martin pedantisch sie meidend, als sei es ihm zu viel, neben der fremden Hochsprache auch noch die Fremdworte zu benutzen. Die Gewalt, die er dieser Hochsprache antut, indem er sie auseinanderreißt und wieder neu zusammensetzt, auch gegen ihren Gebrauch und gegen ihre Regeln, mag aus der Ungehaltenheit dessen kommen, der endlich selbst bestimmen will, endlich sich selbst aussprechen will – gegen alle überwältigende Tradition des Sprechens, die er von früh an in Familie, Kirche und Schule kennen lernte.

Diese Überwältigung hat Fritz zeitweise zum Verstummen gebracht, zu einem Schweigen, aus dem er mit Mühe die Worte herauszog. Er hat sich erst spät davon befreien können, am ehesten auf der Narrenkanzel, wenn er Narr unter Narren sein konnte. Hier stand er über den anderen – das war nicht der Fall, wenn er hinterm Bankschalter bediente –, hier konnte er den anderen ihre Narrheit vorhalten, seine eigene nicht leugnend. Hier hatte er Narrenfreiheit. Freilich eine, die ihn zu tieferer Einsicht in das Leben der Menschen und der menschlichen Gemeinschaft führte. Auf der Narrenkanzel erreichte er eine Souveränität, die sein Bruder Martin auf dem Katheder selten erreichte: Ironie, gar Selbstironie, ein gewisses Zeugnis der Souveränität, war diesem kaum gegeben.

Martin mußte sich Zeit seines Lebens wehren: gegen die Macht der Sprache, die er sich unterwarf, gegen die Macht des herkömmlichen Sprechens, die er zurückwies, indem er die lange Tradition der europäischen Philosophie, die lange Tradition der römischen Kirche, schließlich auch die kurze, allzu kurze demokratische Tradition des deutschen Staates infragestellte. Martin wurde zum Revolutionär, der alles umstürzen wollte, um es neu zu begründen. Nur das, was er, er allein, begründete, sollte Geltung haben.

Fritz war ein Narr, er war weise. Er sah die Eitelkeit, die Vergeblichkeit allen menschlichen Strebens. Vor dieser Einsicht ist alles komisch. Sein Spiel mit der Sprache war voll Humor, er nahm die Sprache ernst und er nahm sie nicht ernst, so wie er sich ernst nahm und nicht ernst nahm. Er litt und riß seine Witze darüber. Seine Wortverdrehungen führten zu schlichten und klugen Einsichten.

Die Suche nach dem grundlegend Einfachen brachte Martin dagegen zu einem Tiefsinn, der ins Rätselhafte führte und zu Sätzen, die vorher nie geschrieben wurden: «Das Waltende des Wortes blitzt auf als die Bedingnis des Dings zum Ding.» Ein Satz, über den nicht nur Fritz ins Stottern geraten wäre. Fritz war bisweilen freiwillig komisch, Martin bisweilen unfreiwillig.

Angesichts der Unendlichkeit, meinte der romantische Ironiker Friedrich Schlegel, habe der Mensch nur die Wahl, freiwillig oder unfreiwillig komisch zu sein, ein Drittes gebe es nicht.

8. Der Lehrer

Daß auch Martin Heidegger Ironie nicht fremd war, freilich eine versteckte, nicht so deftige wie die seines Bruders Fritz, dafür gibt es Beispiele genug. Eines nennt der Schweizer Psychiater Medard Boss. Lange Jahre kam Martin Heidegger regelmäßig nach Zollikon in die Schweiz, um dort mit Ärzten und Medizinstudenten, die Medard Boss zusammengeführt hatte, Seminare abzuhalten. Seine Zuhörer waren also keine Philosophiestudenten, die wußten, worauf sie sich einließen, sondern Mediziner, die ein anderes Denken, ein an der Naturwissenschaft geschultes, gelernt hatten. Das kümmerte Heidegger wenig. Medard Boss hat ein Beispiel für Heideggers Vorgehen dokumentiert.

Heidegger fragte: Wie verhält sich Herr R. zu dem vor ihm stehenden Tisch? Ein Hörer: Er sitzt hinter ihm und sieht ihn an. Heidegger: Als was zeigt sich dabei in eins auch die Natur von R.s Dasein von ihm selbst her? Darauf folgt ein Schweigen von fünf Minuten, bis Heidegger wieder spricht: Ich schweige, weil es keinen Sinn hat, Ihnen über R.s Existieren irgend etwas zu dozieren. Alles kommt darauf an, daß Sie die Sache selbst mit eigenen Augen sehen, daß Sie geduldig hinhören, so daß sich Ihnen die Sache in ihrer eigenen Bedeutsamkeit zusprechen kann. Daraufhin ein Zuhörer: R. ist vom Tisch durch einen Zwischenraum getrennt. Heidegger fragt dann, was denn Raum sei. Die Distanz zwischen R. und dem Tisch, antwortet ein Zuhörer. Was ist aber Distanz? Eine Raumbestimmung. Und was ist Raum überhaupt? Daraufhin zehn Minuten Schweigen. Schließlich ein Zuhörer:

sie seien solche Fragen nicht gewohnt und wüßten nicht, worauf Heidegger hinauswolle. Heidegger: Ich will nur darauf hinaus, daß Sie die Augen aufmachen und sich den Blick nicht sogleich durch künstliche Suppositionen oder theoretische Unterstellungen verstellen. Also, wie steht es mit dem, zu dem Sie Zwischenraum zwischen R. und dem Tisch sagen? Sieben Minuten Schweigen. Heidegger: Muß denn nicht das Raumhafte … durchlässig sein, damit der Tisch überhaupt R. erscheinen kann? Diese Räumlichkeit besteht aus Durchlässigkeit, Offenheit, aus Freiem. Kann man aber sagen, das Offene, Freie, das so Gelichtete sei selber Räumliches? Daraufhin ein Hörer: Jetzt verstehe ich gar nichts mehr. Fünf Minuten Schweigen. Schließlich Heidegger: Vielleicht hilft ihnen die Weisheit der deutschen Sprache weiter. Sie kennen nicht nur das Substantiv Raum, sondern auch das Verb räumen. Was aber heißt räumen anderes als ein Frei-, ein Offen-machen. Waldlichtung: ein Ort, an dem gelichtet, d. h. an dem der Erdboden von Baumstämmen freigelegt, von ihnen geräumt wurde. So gründet wesensmäßig alles Raumhafte im Freien, Offenen, Gelichteten und nicht umgekehrt.

Das Gespräch entbehrt nicht einer gewissen Ironie, die Heidegger bewußt gewesen sein wird. Jedenfalls fügt Medard Boss dem Dokument hinzu: das Seltsamste der Zollikoner Seminare sei gewesen, daß sie weder Heidegger noch einem der Zuhörer je zu dumm geworden seien. Daß sie einem leicht als zu dumm hätten vorkommen können, ist damit also konzediert.

Martin Heidegger geht nicht auf die üblichen Bestimmungen von Raum ein, etwa die physikalische des dreidimensionalen Raums, die des unendlichen Raums in der Kosmologie, die des begrenzten und begrenzenden Raums in der Nachfolge des Aristoteles. Ihm geht es darum, die Sache selbst anzuschauen und aus der Betrachtung des Phänomens eine Erkenntnis zu gewinnen. Hier ist er Phänomenologe wie sein Lehrer Husserl. Dabei leitet er natürlich zu seiner Auffassung des Phänomens hin; hier, da die Mediziner ihm nicht folgen können oder wollen, doziert er schließlich doch, was er unter Raum versteht: das Offene, das Gelichtete. Das entspricht auch der Etymologie des Wortes. Doch darum geht es ihm nicht: er will auf das Gelichtete hinführen, auf den Ort, an dem sich etwas zeigt. Offenbart kann er nicht sagen, das klänge zu theologisch.

Die Lichtung im Wald ist ihm nicht die Sache, die er bedenken will, sie ist ihm das Bild, mit dem er seinen Gedankengang entwickelt. So bleibt sein abstrakter Gedankengang doch dem Bild verhaftet, das ihn anschaulich macht, auch wenn er Gedanke und Bild in Worte faßt, die nicht immer dem üblichen Sprachgebrauch entsprechen. Er liebt auch Wortspiele, läßt sich auch zu solchen hinreißen, wenn eher die Worte dazu verleiten als die Sachen. Und nicht immer ist ausgemacht, ob er sie nicht doch auch augenzwinkernd formuliert, also kuinzig, wie man in Meßkirch sagt.

Am Schluß seines Gesprächs «Zur Erörterung der Gelassenheit. Aus einem Feldweggespräch über das Denken», das sich auf einem Spaziergang über den Feldweg zwischen einem Forscher, einem Lehrer und einem Gelehrten entwickelt, faßt er die Gedankenbemühungen in einem griechischen Wort zusammen: Agchibasiä, das er mit Nahegehen, in die Nähe gehen, in die Nähe sich einlassen übersetzt. Daraufhin der Gelehrte: «Mir scheint jetzt, das Wort könnte eher der Name sein für unseren heutigen Gang auf dem Feldweg. Lehrer: Der uns tief in die Nacht geleitete … Forscher: die immer herrlicher heraufglänzt … Gelehrter: und die Sterne überstaunt … Lehrer: weil sie ihre Fernen am Himmel einander nähert.»

Natürlich ist dieser Blick auf den besternten Nachthimmel über dem Feldweg am Schluß des Gesprächs keine poetische Abschweifung, sondern ein Hinlenken auf das Eigentliche: in solchen Nächten kann man etwas von dem ahnen, um das es hier geht, sich ihm «nähern». So kommen die Bemerkungen: die Nacht ist die Näherin der Sterne, wie die Kinder sagen; sie fügt zusammen ohne Naht und Saum und Zwirn; sie ist die Näherin, weil sie nur mit der Nähe arbeitet.

Hier kommt also das Wortspiel aus der äußerlichen Ähnlichkeit zwischen Nacht, Nähe und Näherin; es ist eine Ähnlichkeit des

Wortlauts, aber keine der Bedeutungen, die höchst unterschiedlich sind: Nacht im Sinne von Tag und Nacht, Nähe im Sinne von Nähe und Ferne, Näherin im Sinne von mit Nadel und Faden zwei Stoffteile zusammenfügen. Das sind weit auseinander liegende Bedeutungen. Da die Kinder aber meinen, die Nacht «nähe» die Sterne auf das dunkle Himmelszelt, und die Nacht die weit entfernten Sterne in die Nähe zu bringen scheint, können hier Naht und Nacht und Nähe zusammengebracht werden. Doch ist es mehr als eine Spielerei? Eine Spielerei, die man leicht auf die Spitze treiben kann, was Martin und Fritz Heidegger taten, der eine eher ernsthaft, der andere eher scherzhaft.

In der Heidegger-Sammlung in Meßkirch gibt es einen Text, der von einem Professor Feldweger stammen soll, der ansonsten nicht bezeugt ist. Ist es das Werk von Fritz Heidegger oder das von Martin oder gar von beiden? Keineswegs. Der Text wurde zum ersten Mal in der Freiburger Fastnachtszeitung veröffentlicht. Die Autorin dieses gelungenen Scherzes ist Margot Prinzessin von Sachsen-Meiningen, die eine Hörerin Martin Heideggers war und ihm im April 1945 Zuflucht im Forsthaus des Grafen Douglas in der Nähe von Beuron gewährte, das sie gemietet hatte. 1954 war die Prinzessin während der Fastnacht Mitglied des Elferrats der Stadt Freiburg, und im Februar des Jahres trug sie den Text vor; diesen Hinweis verdanke ich ihrer Tochter Frau Dr. Feodora Kippenberg.

Es ist ein brillanter Text, der aufs schönste die Nacht als die Näherin der Sterne und das Faß, das den belebenden Wein faßt, zusammenbringt, ein kleines philosophisches Meisterstück, über das sich lange nachdenken ließe – bei einem Faß Wein in der Nacht:

«Das Fassende des Faßbaren ist die Nacht. Sie faßt, indem sie übernachtet. So gefaßt, nachtet das Faß in der Nacht. Sein Wesen ist die Gefaßtheit in der Nacht. Was faßt? Was nachtet? Das Dasein nachtet fast. Übernächtig west es in dieser Umnachtung durch das Faß, so zwar, daß das Faßbare im Gefaßtwerden durch die Nacht das Anwesen des Fasses hütet. Die Nacht ist das Faß des Seins. Der Mensch ist der Wächter des Fasses. Dies ist seine Ver-Fassung. Das Fassende des Fasses aber ist die Leere. Nicht das Faß faßt die Leere und nicht die Leere das Faß, sie fügen einander wechselweise in ihr Faßbares. Im Erscheinen des Fasses als solchem aber bleibt das Faß selbst aus. Es hat sein Bleibendes in der Nacht. Die Nacht übergießt das Faß mit seinem Bleiben. Aus dem Geschenk dieses Gusses west die Fastnacht. Es ist unfaßbar.»

9. Die Fastnacht 1934

Nur drei Karnevalsreden von Fritz Heidegger sind überliefert: die von 1934, 1937 und 1948. 1934 erschien er als Graf von Zimmern, also in der Gestalt des Erbauers des Schlosses von Meßkirch und des Verfassers der Zimmer'schen Chronik, der 1568 im Alter von 48 Jahren verstorben war. Dieser wiedergekehrte Graf wurde natürlich mit großer Begeisterung von den versammelten Meßkirchern begrüßt.

«Der begeisterte Empfang überrascht mich; er beweist, daß das metaphysische Bedürfnis im Steigen ist, daß die Auferstehung der Metaphysik geworden ist.» Hatte Martin nicht das Ende der Metaphysik konstatiert? «Vor einigen Jahrzehnten noch – man könnte auch sagen, vor einigen Jahren – wo euch eine Lebensweisheit beherrschte, die oben beim Fressapparat anfing und unten am Hintern aufhörte, wäre ich wahrscheinlich mit Rossbollen empfangen worden.»

Die Rede ist gespickt mit kleinen Andeutungen auf damalige Ereignisse. Fritz spricht vom vergangenen Sommer 1933, der so heiß war, daß er «alles braun werden ließ». Nach der Machtübernahme durch die Nationalsozialisten waren viele «braun» geworden, also der NSDAP beigetreten, die braun genannt wurde wegen der Uniform der SA. So war auch Bruder Martin am 1. Mai 1933 in die NSDAP eingetreten, wenn auch «nicht aus innerer Überzeugung», wie er in einem Brief an Fritz vom 4. Mai schrieb. Fritz wiederum, gedrängt von seinem Freund, dem evangelischen Pfarrer von Meßkirch, lehnte den Beitritt ab. Erst 1942 trat er in die NSDAP ein, getrieben von der Sorge um die Zukunft seiner Söhne, doch schon nach einem halben Jahr wurde er wieder ausgeschlossen. Ein Grund mag gewesen sein, daß er den Hitlergruß nicht vorschriftsmäßig mit hoch erhobenem ausgestreckten rechten Arm und Hand vollführte, sondern den rechten Arm nur bis zur Höhe der Hosentasche hob und dabei nur den Zeigefinger ausstreckte. Höher reichte seine Begeisterung für die braune Bewegung anscheinend nicht.

Daß seine Reden von 1934 und 1937 ihm keine Schwierigkeiten bereiteten, mag am damaligen Kreisleiter gelegen haben, der Nachbar der Heideggers war und gut mit ihnen stand. Sein Nachfolger war schärfer. So hat Fritz Heidegger in seiner Fasnetsrede von 1934 vom Landrat Felix gesprochen, der «wie ein kleiner Herrgott haust». Und von den «Herren Stadträten», von denen er «weniger Mißtrauen, weniger Streitsucht, weniger Kleinigkeitskrämerei» erwartete und «mehr Aufgeschlossenheit, mehr hochgemutes Fühlen, mehr Humor und Mutterwitz, neben dem oft wie hinter Nebeln verschleierten Sachverständnis mehr Kraft durch Freude!»

Vielleicht hatte er am Anfang die Hoffnung, daß tatsächlich mehr Aufgeschlossenheit und hochgemutes Fühlen mit dem Machtantritt der Nazis kommen würde, er hatte aber allzu bald bemerkt, daß dem nicht so war. Daß den Nazis Humor und Mutterwitz fehlte, war von Anfang an offensichtlich: die Bewegung war ernst, zunächst bierernst, dann todernst. «Kraft durch Freude» war nur ein Propagandaspruch. Und gerade der Propaganda, dem hochgestochenen Wort, dem falschen Pathos gegenüber war Fritz skeptisch sein Leben lang, auch wenn er unverhofft von einem Witz zu einem ernsten Thema kommen konnte. «Mer hot nit nur lache, sondern au denke messe», man hat nicht nur lachen, sondern auch denken müssen, erinnerten sich die Leute in Meßkirch.

So bringt der angebliche Graf von Zimmern in seiner Rede von 1934 das Gebet einer Meßkircher Bäuerin, das er belauscht habe: «Verleihe, daß unsere Hühner regelmäßig Eier legen, daß unsere Sauen hessen und rudelweise Ferkel werfen, daß unsere Kühe vorschriftsmäßig kalben und immer wieder rindern, doch uns, o Herr, bewahr vor weiteren Kindern. Amen.» Auf das schallende Gelächter antwortet der Redner: «Ihr lacht, meine Landsleute; ach, es ist zum Heulen. Eine Begriffsverwirrung ist über euch gekommen, die zum Himmel schreit, eine Zerstörung des natürlichen Instinkts, die mich hoffnungslos stimmt. Merkts euch doch: Hunger und Pest und Krankheit, Krieg und Kampf und Tod sind Lappalien, sind Relativitäten, verglichen mit dem einen großen Übel: nicht geboren zu sein. Es gibt nur ein absolutes Übel: nicht zu existieren.»

Und hier fällt er nun doch in das Pathos eines Predigers der Kirche. Das ist die Tradition, in der er steht, vielleicht ohne sich dessen bewusst zu sein. Aber seine deftigen Fasnachtsreden wekken die Erinnerung an einen anderen großen Prediger aus dem Heuberger Land, der weithin und noch lange nach seinem Tode berühmt war: an Johann Ulrich Megerle, der 1644 im nahen Kreenheinstetten geboren wurde, in Meßkirch zur Schule ging und 1677 in Wien kaiserlicher Hofprediger wurde. Martin Heidegger schrieb einen schönen Aufsatz über diesen Augustiner-Mönch, der sich Abraham a Sancta Clara nannte, ein beliebter Prediger von barocker Wortgewalt, der mit Witz und Wut seinen Zuhörern ins Gewissen redete und auch vor deftigen Scherzen nicht zurückschreckte. Ganz wie Fritz Heidegger, der in seiner Predigt, in seiner Fasnetsrede sich nicht scheute, vom Tod zu sprechen:

«Da ich gerade vom Sterben rede, noch ein kurzes Wort über diesen heiklen Punkt. Da ist beinahe die Begriffsverwirrung noch unheilvoller und toller. Meine Damen und Herren: Der Tod ist das Ende eines Traums und der Anfang des eigentlichen Seins.» Hört sich das nicht wie eine Ergänzung zum Bruder Martin an, der vom Sein und der Sorge und der Bedrohung durch den Tod sprach, dabei aber die theologische Sicht ausklammerte? Für Fritz, der eben noch die Nicht-Existenz als das absolute Übel bezeichnete, ist der Tod keine Bedrohung, sondern eine Befreiung, dies ganz im Sinne der Lehre der Kirche: mit dem Tod endet der Traum und beginnt das wahre Leben. Das Sein ist eine Sache des Lebens nach dem Tode, nicht des Lebens vor dem Tode. Dann gibt es auch keine Angst vor dem Tode, der nicht das Ende des Lebens ist, sondern dessen Anfang.

Fritz: «Diese Erkenntnis hilft die Todesfurcht bannen, eine andere, noch wichtigere Erkenntnis muß dazukommen: jeder von euch ist eine Null, eine komplette Null; und wer daran zweifelt, daß er eine Null ist, der ist sogar eine Obernull.» Auch hier mag die alte Lehre der Kirche hindurchschimmern; angesichts der Allmacht Gottes sind die Menschen nichts, es sei denn, daß Gott sie zu sich aufnimmt. Also Demut statt Hochmut. Doch auch eine soziale Bedeutung mag darinnen sein: alle die kleinen Wichtigtuer in der Gemeinde, von denen einer sich mehr dünkt als der andere, der Beamte mehr als der Angestellte, der Akademiker mehr als der Handwerker, alle sind gleich viel bzw. gleich wenig wert. Aber es ist auch eine Destruktion des damals herrschenden Diskurses der nationalsozialistischen Partei, die jeden ihrer kleinen Anhänger, jeden ihrer Funktionäre mit der Bedeutung eines kleinen Herrgotts ausstattete. Jede Null, wie dumm und niederträchtig sie auch sein mochte, konnte sich auf einmal als hervorragendes Mitglied der großen Volksgemeinschaft fühlen, als Abkömmling der germanischen Rasse, die über allen anderen Rassen stand. Nicht zuletzt dies war ein Faszinosum der braunen Bewegung für viele: daß jeder sich der Herrenrasse zugehörig fühlen konnte, ohne etwas leisten zu müssen. Dabei sein genügte, um großartig zu sein.

Fritz Heidegger entfesselt jetzt auf seinem wackligen Gerüst die schönste Kanzel-Rhetorik, der Narr zeigt den Zuhörern unverblümt ihre Narrheit: «Unter all diesen gibt es extreme, überspannte, eifernd lieblose Himmelsstürmer, die glauben, sie hätten die Weisheit mit Löffel gefressen; sie schreiten durch die Straßen in Begleitung des lieblichen Unterbewußtseins: ich danke Gott, daß ich nicht so bin wie die andern; sie wähnen alle Geheimnisse Gottes und der Welt ergründen und ausschnüffeln zu können.» Und er warnt: «Hütet euch vor diesen 100%igen!» Das war in der damaligen Situation so deutlich, wie es nur sein konnte. Er drückte sich zwar so allgemein aus, daß er alle Wichtigtuer treffen konnte, aber mit den Hundertprozentigen konnten 1934 nur die Nazis gemeint sein, die nun mit stolzgeschwellter Brust durchs

Städtchen marschierten, als hätten sie die Weisheit mit Löffeln gefressen und alle Rätsel des Lebens gelöst. Hochmütig blickten sie auf «die Schwarzen», also die Katholiken herab, die mal wieder hinter der Zeit zurückgeblieben waren. Fritz wußte natürlich, daß die überwiegende Mehrheit seiner Zuhörer Katholiken waren, die, so lange es freie Wahlen gab, nicht die NSDAP wählten, sondern das Zentrum.

«Und wenn sie sterben? Da stehen sie, ich sah es oft, vor der Ewigkeit so klein, sehen aus wie begossene Pudel, brauchen lange Zeit, ehe sie sich vom ersten Schrecken erholt haben.» Hier spricht er tatsächlich aus eigener Erfahrung; manchmal wird er als kleiner Junge, als Meßdiener den Priester bei seinem Gang zur letzten Ölung eines Sterbenden begleitet haben. «Man muß genau so sterben, wie man geboren wurde: pudelnackt, entblößt von jeder Art Einbildung und Eigendünkel, frei von Sucht, zu scheinen was man nicht ist und nicht sein kann. Auch der scheinbar autonomste Geist, der größte Gelehrte, das gewaltigste Genie ist – von oben gesehen – ein armseliger Schleimscheißer.» Das ist eine barocke Rhetorik im Jahre 1934. Nichts Neues also, doch etwas, das immer wieder und allzu gerne vergessen wird: der Tod macht alle gleich. Und der Tod relativiert alles, was uns im Leben wichtig ist. 1934 war dies eine Aussage von großer Kühnheit. War der Führer nicht ein Genie, ein Übermensch, den die Vorsehung geschickt hatte? Und auch der sollte nichts anderes sein als ein armseliger Schleimscheißer?

«Darum, meine Freunde, wenn in wenigen Jahren der 2. Weltkrieg ausbricht, schlimmer als der erste, wenn asiatische, japanische Flugzeuge über Meßkirch kreisen und einige 100 Giftgranaten abwerfen …» Hier wird der Narr zum Propheten. Er sieht den bevorstehenden Krieg und benennt ihn schon als den Zweiten Weltkrieg, der schlimmer noch als der erste sein wird. Er sagt sogar den Bombenangriff auf Meßkirch voraus. Freilich waren es nicht japanische, sondern amerikanische Flugzeuge, die am 22. Februar 1945 den Bahnhof in Meßkirch – Gott sei Dank nicht mit Giftgranaten – bombardierten und dabei Teile der Altstadt zerstörten. 35 Menschen starben, 93 wurden verletzt.

Aber bedurfte es dazu besonderer Hellsicht, den Krieg 1934 vorauszusehen? Hätte dies nicht jeder sehen können? Der Narr sah es. Fritz weiterhin: «Seid ohne Furcht: in einer Viertelstunde seid ihr alle selig, ohne Purgatorium (reinigendes Fegefeuer), aber, aber, aber: nur unter der entscheidenden Voraussetzung, daß ihr euch von heute an stündlich und täglich übet und trainiert in dem einzigen Bestreben: das aus innerster Wahrhaftigkeit heraus zu werden, was ihr schon immer seid: von A bis Z ein Häuflein Dreck!» Damit endet die merkwürdige Fasnetsrede.

10. Die Revolution 1933

Drei Monate zuvor, am 11. November 1933, hatte der Philosoph Martin Heidegger ebenfalls eine Rede gehalten, keine Fasnetsrede, sondern eine Wahlrede auf der «Kundgebung der deutschen Wissenschaft» in Leipzig. Der Nationalsozialistische Lehrerbund Sachsens hatte dazu aufgerufen, die «Exponenten der freien deutschen Wissenschaft» sollten «ihre Stimme zu einem eindringlichen Ruf an das deutsche Volk erheben». Motto: «Für Deutschlands Ehre und Recht und für den Frieden der Welt stellen sich Deutschlands geistige Führer und Erzieher in die Front der politischen Feldherren und Kämpfer.» Um diesen Eintritt in die Front der Feldherren und Kämpfer den geistigen Führern zu erleichtern, war die Reichsbahn beauftragt worden, verbilligte «Sonntagsrückfahrkarten mit Gültigkeit ab 10. November mittags 12 Uhr zu verabfolgen».

Martin Heidegger, Rektor der Universität Freiburg seit April 1933, reiste also nach Leipzig und sprach neben anderen Hochschullehrern; in seiner «Ansprache vom 11. November 1933 in Leipzig» sagte er: «Das deutsche Volk ist vom Führer zur Wahl gerufen: der Führer aber erbittet nichts vom Volke, er gibt vielmehr dem Volke die unmittelbare Möglichkeit der höchsten freien Entscheidung, ob das ganze Volk sein eigenes Dasein will, oder ob es dieses nicht will. Das Volk wählt morgen nichts Geringeres als seine Zukunft. Diese Wahl bleibt mit allen bisherigen Wahlvorgängen schlechthin unvergleichbar. Das Einzigartige dieser Wahl ist die einfache Größe der in ihr zu vollziehenden Entscheidung. Die Unerbittlichkeit des Einfachen und Letzten duldet kein Schwanken und kein Zögern. Diese letzte Entscheidung greift hinaus an die äußerste Grenze des Daseins unseres Volkes. Und was ist diese Grenze? Sie besteht in jener Urforderung alles Seins, daß es sein eigenes Wesen behalte und rette.»

In der Tat ein anderer Sprachgebrauch als der Fritz Heideggers. Orientierte sich Fritz an der Tradition der Bußpredigt der katholischen Kirche, die er, durchaus in deren Tradition, mit deftigen Sprüchen und witzigem Spott schmückte, so spricht Martin seine eigene Sprache, die er sich herausbildete, seine Unabhängigkeit von aller Tradition dokumentierend. Gerade dies mag ein Anknüpfungspunkt an die Rhetorik der Nationalsozialisten für ihn gewesen sein: er merkte, daß auch diese jeder Tradition eine Absage zu erteilen bereit waren, um zum Eigentlichen zu kommen. Das Eigentliche war für sie der Kampf ums Dasein. Sie wollten endlich zur Sache kommen.

Auch Martin ging es ums Dasein, freilich ein anderes als das der Nationalsozialisten. Seine Saft- und Kraftsprache, die der Vielfalt des Lebens auf den Grund gehen wollte, hatte nur dem äußeren Anschein nach Ähnlichkeiten mit den Sprüchen der braunen Machthaber. Die Unerbittlichkeit einte sie, freilich war sie bei Martin eine verbale, bei den Nationalsozialisten eine brachiale. Aber die Gewalttätigkeit war in seinem Sprechen genauso wie in dem der Nationalsozialisten angelegt. Er sah in ihnen etwas, das sie nicht waren, der Anschein täuschte ihn. Sie waren anders, dies einzusehen, brauchte er einige Zeit.

Seine Suche nach dem Einfachen und Letzten führte ihn nicht nur zum Grundlegenden, wie er glaubte, sondern mitunter auch zu Abstraktionen, in denen ihm die Vielfalt des Lebens verloren ging. Das Einfache und Letzte, das Dasein, das eigene Wesen, das zu sich selbst kommt – das sind erstrebenswerte Ziele; doch fasst man sie in Worte, werden sie in der Regel zu abstrakten Begrifflichkeiten, mit denen man nichts Konkretes mehr verbindet. Die

Nazis hatten konkrete Vorstellungen, die sie, sobald sie zur Macht gekommen waren, rücksichtslos durchsetzten: Verbot der jüdischen Studentenschaften an der Universität Freiburg, Entlassung der jüdischen Dozenten, Kampf gegen den liberalen und den katholischen Einfluß. Ist dies gemeint mit der «Urforderung alles Seins», daß das deutsche Volk «sein eigenes Wesen behalte und rette»? Das wohl nicht. Wenn nicht dies, was ist dann gemeint? Nichts Bestimmtes? Es sind jedenfalls große Worte, die er mit Geschick gebraucht und durchaus kunstvoll.

In dieser Rede werden sie mit den großen Worten der Nazis gekoppelt. Martin Heideggers Unerbittlichkeit im Denken des Daseins wird mit der nationalsozialistischen Unerbittlichkeit im Kampf ums Dasein zusammengeschlossen. In einem Satz setzt er das Eine mit dem Anderen gleich: «Der Wille zur Selbstverantwortung ist jedoch nicht nur das Grundgesetz des Daseins unseres Volkes, sondern zugleich das Grundgeschehnis der Erwirkung seines nationalsozialistischen Staates.» Grundgesetz des Daseins des Volkes ist eins mit dem Grundgeschehnis der «Erwirkung» des NS-Staates. Dabei ging es bei dieser Wahl vom 12. November, die keine war, doch nur um die Akklamation zum Austritt aus dem Völkerbund, die Hitler als Bestätigung seiner Macht brauchte.

Martin: «Der Wille zu einer wahren Volksgemeinschaft hält sich ebenso fern von einer haltlosen unverbindlichen Weltverbrüderung wie von einer blinden Gewaltherrschaft. Jener Wille wirkt jenseits dieses Gegensatzes, er schafft das offene und mannhafte Auf-sich- und Zueinanderstehen der Völker und Staaten.» Die unverbindliche Weltverbrüderung lehnt er genauso ab wie die blinde Gewaltherrschaft. Was aber wäre das Dritte, das er nur vage bezeichnet? Jedenfalls die Abwesenheit von «leerem Verhandeln» und «verstecktem Geschäftemachen», wie er dann schreibt. Sicher, das unverbindliche Verhandeln, das Schachern um Interessen lähmte den Völkerbund, was aber dann geschah war blinde Gewaltherrschaft. Ein Drittes, wie er hier erhoffte, hatten die NS-Herrscher nicht im Sinn. Was hätte es sein können?

Daß die neue Situation ihm einigen Vorteil bringen könnte im harten Konkurrenzkampf, mag er wohl auch bedacht haben, als er seinen Pakt mit den Nationalsozialisten schloß: schließlich war er unter den gestandenen Akademikern ein Emporkömmling aus kleinen Verhältnissen, der durch die Gunst der katholischen Kirche zum Studium kam. «Wir haben uns losgesagt von der Vergötzung eines boden- und machtlosen Denkens. Wir sehen das Ende der ihm dienstbaren Philosophie.» Damit ist sein Denken sicherlich nicht gemeint, das ja auch machtlos war; selbst in diesem kurzen Jahr seines Freiburger Rektorats hatte er keine Macht, er diente nur der Macht der Nationalsozialisten. Als ihm dieses bewußt wurde, zog er sich zurück.

Aber hier wirbt er noch für sie mit seiner starken Sprache: «Wir sind dessen gewiß, daß die klare Härte und die werkgerechte Sicherheit des unnachgiebigen einfachen Fragens nach dem Wesen des Seins wiederkehren. Der ursprüngliche Mut, in der Auseinandersetzung mit dem Seienden an diesem entweder zu wachsen oder zu zerbrechen, ist der innerste Beweggrund des Fragens einer völkischen Wissenschaft.» Die völkische Wissenschaft der Nationalsozialisten war wohl etwas anderes als die Wiederkehr des einfachen Fragens nach dem Sein. Und dieses einfache Fragen, so wie er es verstand, konnte auch nicht wiederkehren, weil es in dieser Art noch nie da gewesen war.

Daß 1933 etwas geschah, was noch nie geschehen war, etwas, das alles bisher Vorhandene über den Haufen warf, das sah er, der Revolutionär, durchaus, aber er sah es nicht als Verhängnis, sondern als Verheißung: «Die nationalsozialistische Revolution ist nicht bloß die Übernahme einer vorhandenen Macht im Staat durch eine andere dazu hinreichend angewachsene Partei, sondern diese Revolution bringt die völlige Umwälzung unseres deutschen Daseins.» Das Ausmaß der Umwälzung zu erkennen verstellte ihm freilich das eigene Denken und Sprechen: «Unser Wille zur völkischen Selbstverantwortung will, daß jedes Volk die Größe und Wahrheit seiner Bestimmung finde und bewahre. Dieser Wille ist höchste Bürgschaft des Friedens der Völker ...» Das wollte der Führer ganz und gar nicht; er wollte die deutsche Dominanz in ganz Europa.

Das Ausmaß der Umwälzung konnte Martin Heidegger nicht

erkennen, weil er in seiner Philosophie des Alltags sich mit dem Alltag, wie er war, nicht befaßte, sondern mit einer Abstraktion des Alltags. Das Ausmaß der Umwälzung bestand in der Zerstörung der traditionellen Bindungen, des friedlichen Zusammenlebens in der Gesellschaft, der institutionellen Regelungen, des überlieferten Sittengesetzes. Die verfassungsmäßigen Rechte wurden aufgehoben, die demokratischen Institutionen wurden verboten, andere Parteien verfolgt, die Presse-, Versammlungs- und Vereinsfreiheit außer Kraft gesetzt. Das sind alles Dinge, die in der Philosophie Martin Heideggers nicht vorkamen. Wie sollte er sie da vermissen?

Am 10. November 1933 stand in der «Freiburger Zeitung» ein Telegramm, das der Freiburger Oberbürgermeister Dr. Kerber, der Führer der Studentenschaft von zur Mühlen und der Rektor der Universität Prof. Dr. Heidegger am 9. November an den Führer nach Berlin gesandt hatten: «Dem Retter unseres Volkes aus seiner Not, Spaltung und Verlorenheit zur Einheit, Entschlossenheit und Ehre, dem Lehrmeister und Vorkämpfer eines neuen Geistes der selbstverantwortlichen Gemeinschaft der Völker versprechen unbedingte Gefolgstreue die Bürgerschaft, die Studentenschaft und die Dozentenschaft der Universitätsstadt in der äußersten südwestdeutschen Grenzmark.»

11. Die Fastnacht 1937

M eine lieben Narren! Fasnacht ist! Fast wollte ich irre werden an meiner alten Überzeugung, daß ihr noch lange nicht in die Tiefen wahrer Narrheit hinabgedrungen seid. Fasnacht halten, heißt ja nichts anderes, als sich auf den Kopf stellen, damit die trübe Wasserbrühe Eurer Voreingenommenheit besser auslaufen kann.»

So beginnt Fritz Heideggers Fasnetsrede 1937. «Aber doch bekomme ich wieder Mut, wenn ich die dicht gedrängten Massen sehe. Die dastehen, ohne daß ihnen wie beim Kommis geschrieben wurde: Sie haben sich …» Beim Kommis, das meint beim Militär, zu dem die Männer eingezogen wurden, zunächst nur zu Wehrübungen, mit dem üblichen Schreiben: Sie haben sich am … um … in … einzufinden. «Ich sehe Ihre leuchtenden Augen beim Anblick unseres närrischen Brautpaares. Wie schön die Narrenmutter … und der Narrenvater, der enorme Widerstände zu überwinden hatte, dieses große prächtige Kind.» Welche Schwierigkeiten mag er überwunden haben? Und was meint dann «Über das Kamel ist er hinausgekommen»? Aber der folgende Satz ist verständlich: «Vorgestern noch ein großes Kamel und übermorgen schon ein Stadtrat.» Der Narrenvater war der Metzgermeister Anton Mayer, der auch Wirt der beliebten «Ratsstube» war. Daß sich die Narren gegenseitig durch den Kakao zogen war üblich, daß Fritz Heidegger aber den Stadtrat mit hineinzog, war nicht üblich. Doch: die Meßkircher werden es einige Male erlebt haben, daß die Nationalsozialisten aus einem Kamel, aus einem Dummkopf einen Stadtrat machten.

«Wegen der SA bin ich nicht gekommen, auch nicht wegen dem Elferrat, nur wegen Euch! Das Glück eures Daseins liegt in eurer Unruhe. Ein Mäuslein liegt in eurem Magen. Ein Wörtlein möchte ich euch sagen, das heute aufjubeln läßt und morgen mißverstanden wird, ich meine damit die Volksgemeinschaft. Das ist ein Ideal, das das Herzblut des Narren in Wallung bringt. Darum rufe ich Euch zu: Schwätzt nicht so viel davon, denkt mehr daran.» Wegen der SA ist er nicht gekommen, diese aber wohl seinetwegen, um zu hören, was er zu sagen hat und es gegebenenfalls weiter zu melden.

Fritz Heidegger kann sich 1937 nicht mehr ganz dem herrschenden Sprachgebrauch entziehen. Von Volksgemeinschaft ist damals bis zum Überdruß die Rede – in Radio, Zeitungen, Verlautbarungen, also spricht auch er davon. Er nimmt sie anscheinend ernst, will sie ernst genommen wissen und hält das Ideal gegen die schäbige Realität. Es wird viel geschwätzt davon, gehandelt wird aber nicht danach. «Denkt daran, daß alles, was groß ist, seine Kinderkrankheiten durchmacht. Es sind wunderbare Ansätze zur brüderlichen Umarmung: doch dort sehe ich wieder Hunde von Leuten, die sich auch in der Fasnacht am liebsten in ihr edles Antlitz spucken würden. Man liegt sich in den Armen – andernorts in den Haaren.» Also gute Ansätze sieht er schon? Ist das ernst gemeint oder ist es ein taktisches Entgegenkommen, das ihm erlaubt, danach zu kritisieren?

«Der eine sieht am hellichten Tag Gespenster, der andere zittert vor dem Schlag der Zeit und wieder ein anderer verwechselt die Volkswerdung mit einem alten Kasernenhof. Die wunderbare Tatsache: Alles zieht an einem Strick – und keiner traut dem anderen!» Hier drückt er die herrschende Angst aus, die mit dem Gerede von der Volksgemeinschaft, die in der Praxis nichts anderes ist als «ein alter Kasernenhof», ganz und gar nicht übereinstimmen will: viele haben Angst und zittern vor dem, was ihnen droht. Fritz Heidegger empfiehlt Wachsamkeit: «Nachdenken müßt ihr klarer als der Elferrat nach der Narrensitzung am frühen Morgen! Das Ziel im klaren Auge behalten wie der Jäger, wenn er eine Wildsau sieht. Kaltes Blut bewahren wie unsere Fische in der Ablach, wenn sie der Angler mit Würmern stopft.» Die Menschen müssen auf der Hut sein. Mißtrauen herrscht und Mißtrauen ist angebracht, Angst vor Denunziation und Verhaftung.

Und nun führt der Narr das Schlagwort von der Volksgemeinschaft ad absurdum: «Im Erkennen, daß der Weg zur Volksgemeinschaft der Weg vom Ich zum Ihr ist … dazu brauchen wir wenigstens 100 Jahre. Und ich habe mit Hilfe mathematischer Formeln errechnet, daß wir in Meßkirch wenigstens 500 Jahre dazu brauchen. Wir brauchen mindestens 100 Jahre, bis wir überhaupt wissen, um was es sich dreht, dann 3 mal 100 Jahre, um alles in den wichtigsten Gebieten unseres Lebens verstehen zu wollen. Und noch einmal 100 Jahre, um die Pest der Selbstverständlichkeit abzuschaffen. Gar nichts ist nämlich selbstverständlich auf dieser Welt. Es ist nicht einmal selbstverständlich, daß ich wieder heil von diesem Gerüst herunterkomme.»

Er macht dann in diesem militarisierten, gleichgeschalteten Deutschland von 1937, das von der NS-Führung auf den Krieg vorbereitet wird, einen ungewöhnlichen Vorschlag: «Wir werden jetzt jeden Montagfrüh eine Friedensfeier abhalten. Der Einzelhandel hat schon seine Einwilligung gegeben und macht die Hosenläden erst später auf. Die Feier findet unter Mitwirkung der kirchlichen Behörden und der ganzen Partei statt. Das Friedensfest wird in Meßkirch wie ein Wunder wirken. Das Morgenrot hinter dem Buhlen wird die Stadt erleuchten und erwärmen. Deshalb bleibt der Schnee nicht liegen. Wir werden kraftvoll und stolz dahergehen wie die Hengste unserer Zuchtanstalt. Deshalb: Laß wehen die Fahnen, laßt flattern die Wimpel – und wers nicht glaubt, ist auch kein Simpel.» Das war starker Tobak. Liefen doch alle Versammlungen, zu denen die Partei aufrief, alle Kundgebungen und Aufrufe auf Kampf, Schlacht und Sieg hinaus. 1934 hatten die neuen Stadtväter ein Denkmal für die Gefallenen des Ersten Weltkrieges errichtet: eine hohe Säule, darauf ein wehrhafter Soldat, direkt an die Treppe zur Martinskirche gestellt. Die neue Kultstätte sollte die alte ersetzen. Hier fanden die nationalsozialistischen Kundgebungen statt, hier endeten die Kampfaufmärsche.

Ein Friedensfest in dieser Situation: das war undenkbar, und schon gar eines, bei dem die Partei mit der katholische Kirche, die sie bekämpfte, wo sie nur konnte, zusammengearbeitet hätte. Der Stadtpfarrer Otto Meckler war besonderen Schikanen ausgesetzt. Gerade 1937 war er mehrmals einbestellt und bedroht worden, weil er sich in seinen Predigten gegen die NSDAP gewandt hatte und die Schüler zum christlichen Gruß anstelle des Hitlergrußes angeleitet hatte. 1941 wurde er drei Wochen lang von der Gestapo festgehalten. Er hatte gegen die Feiertagsordnung an Christi Himmelfahrt verstoßen, indem er die übliche Flurprozession anführte, die von den Nationalsozialisten verboten worden war. Pfarrer Meckler wurde als gebrochener Mann entlassen und starb drei Jahre später im August 1944. Ein über ein Kilometer langer Leichenzug gab ihm die letzte Ehre, eine deutliche Demonstration der Katholiken gegen die Nazis.

In einer solchen Situation brauchte es schon Mut, ein NaziLied zu zitieren – «Laßt wehen die Fahnen, laßt flattern die Wimpel» – und dann anzufügen: «Und wers nicht glaubt, ist auch kein Simpel». In einer ironischen Wendung nimmt der Redner dann seinen Vorschlag zurück, sich über sich selbst lustig machend: «Ja, Heidegger Fritz, mit deiner Idee» – der einer Friedensfeier – «ist es nichts. Das ist hochprozentiger Mist, hochgradige Sentimentalität. Ist Heringssalat aus der Mauchenmühle!»

Er fährt fort: «Die Leute sind oberflächlich in Deutschland. Wo das Wort Volksgemeinschaft gefallen, da muß sich der Humor einschalten, sonst geht alles Kämpfen und Ringen zum Teufel.» Humor hatten sie nicht, die Nationalsozialisten; Humor hätte ihnen ihr gewalttätiges Sprechen und Handeln unmöglich gemacht. «Doch Humor ist etwas anderes, als was ihr bisher darunter verstanden. Ihr dachtet, wenn der Heidegger Fritz in den Wirtschaften herumsitzt und die Leute durch den Kakao zieht, das sei Humor. Ach, du lieber Himmel! Das Lachen und Verulken ist vielleicht ein Früchtchen des Humors, aber der Kern grenzt beinahe an Melancholie. Und der Humor sagt mir: Humor heißt nichts anderes als schauen und hören, schauend denken, schauend arbeiten.» Und nun die unverhoffte Wendung: «Immer sagen wir schon seit 20 Jahren: wir stehen vor einem Abgrund. Umgekehrt müßt ihr sagen: ihr müßt in den Abgrund hineinschauen …» In der Tat standen sie vor einem Abgrund, aber wer wollte das sehen und sagen? Mit dem Machtantritt der Nationalsozialisten sollte doch alles Elend ein Ende haben. In Wirklichkeit, der Narr weiß es, haben sie erst den Abgrund geschaffen, in den dann alle stürzten. Der Abgrund wurde zum schwarzen Loch in der deutschen Geschichte.

Fritz Heidegger: «Dann ruft euch der Humor geradezu auf: Gründet die montane Industrie der psychologischen Tiefenschau. Schaut in den Abgrund, dann werdet ihr erkennen, daß es auf anderes ankommt, als auf kleinliches Streiten.»

12. Die Machtergreifung in Meßkirch

In Meßkirch mit seiner überwiegend katholischen Bevölkerung – fast 90 Prozent zählten zur römisch-katholischen Kirche – hatte das Zentrum bei allen Wahlen während der Weimarer Republik fast 50 Prozent der Stimmen errungen; die anderen Parteien waren ihm gegenüber Randgruppen, die SPD mit kaum mehr als 10 Prozent, ebenso die liberale Deutsche Demokratische Partei, die KPD kam selten auf mehr als ein Prozent.

Erstmals tauchte die NSDAP in Meßkirch bei der Wahl im Dezember 1924 mit 0,5 Prozent auf, da hatte sie im Reich immerhin 3 Prozent. Bei der Wahl im Mai 1928 kam sie in Meßkirch auf 0,3 Prozent, im Reich auf 2,6 Prozent; schwer vorstellbar, daß diese Partei fünf Jahre später an die Macht kommen sollte, um alles Bisherige über den Haufen zu werfen. Im September 1930 erhielt sie dann immerhin schon 8,4 Prozent in Meßkirch, im Reich 18,3 Prozent. Die SPD bekam 14,8 Prozent, die DDP 16,4 Prozent in Meßkirch und die KPD 0,9 Prozent. Das Zentrum erreichte wieder den weitaus größten Anteil: 46,6 Prozent in Meßkirch, im ländlichen Bezirk sogar 58,5 Prozent. Im gesamten Reich hatte das Zentrum dagegen nur 11,8 Prozent. Diese Zahl – etwas mehr als 11 Prozent im Reich – blieb konstant bis zu den letzten Wahlen.

Erst bei den beiden Wahlen 1932 konnte die NSDAP sich deutlich verbessern, sie kam im Juli auf 25,5 Prozent, von allen Parteien gewann sie Stimmen hinzu, nur vom Zentrum nicht, das auf stolze 52,5 Prozent in Meßkirch kam. Im November 1932 neigte sich die Erfolgskurve der NSDAP, sie erhielt in Meßkirch nur noch 19,7 Prozent, im Reich 33,1 Prozent, im Juli hatte sie dort 37,3 Prozent erhalten; die Gefahr schien gebannt. Das Zentrum kam auch im November wieder auf 52,5 Prozent in der Stadt Meßkirch und im Bezirk auf 58,4 Prozent.

In Meßkirch und der oberbadischen katholischen Region haben die Nationalsozialisten die Macht nicht errungen, dort waren sie immer eine relativ kleine Gruppe, die von der absoluten Mehrheit des Zentrums in Schranken gehalten wurde. Sie errangen die Macht in anderen Teilen Deutschlands, vor allem den protestantischen, aber eine Mehrheit im gesamten deutschen Reich haben sie bei freien Wahlen nie erhalten und schon gar keine, die sich neben der des katholischen Zentrums in Oberbaden hätten zeigen können. Selbst mit Hilfe der Deutschen Nationalen Volkspartei kamen sie bei freien Wahlen nicht auf eine absolute Mehrheit. Die Nationalsozialisten errangen die Macht in Berlin, nicht zuletzt dank der Intrigen des katholischen Junkers Franz von Papen. Die Meßkircher und die Oberbadener wurden daraufhin unterworfen – von einer Partei, die bei ihnen nie obsiegt hätte. Sie hatten unter der Dummheit und Niedertracht anderer zu leiden, unter ihrer ideologischen Verbohrtheit, der sich schließlich auch mancher Meßkircher anschloß.

Sogleich nach ihrem Machtantritt am 30. Januar 1933 setzten die Nationalsozialisten ihren Terror in Gang; er machte sich sofort auch in Meßkirch bemerkbar. Die Propagandawelle der Nazis wurde durch Verbote von Zeitungen und Versammlungen der anderen Parteien ergänzt. Die Zeitung des Zentrums in Meßkirch, das «Heuberger Volksblatt», wurde schon am 16. Februar für drei Tage verboten; als es wieder erschien, war es vorsichtiger als zuvor; das half aber nicht lange. Die Kundgebungen der anderen Parteien wurden behindert, die SA marschierte mit etwa 50 Mann – die aus dem ganzen Bezirk herbeigeholt werden mußten, in Meßkirch gab es nicht so viele – mehrmals durch die Stadt, mit Fackeln und Fanfaren, eine Demonstration der Macht, die einschüchtern sollte und ihre Wirkung nicht verfehlte.

Bei der Wahl am 5. März 1933 kam die NSDAP auf beachtliche 34,7 Prozent in Meßkirch, im Bezirk sogar auf 43,9, was genau dem Anteil entsprach, den sie auch im gesamten Reich hatte. Das Zentrum war allerdings immer noch stärker: 44,4 Prozent erreichte es in der Stadt Meßkirch und selbst im Bezirk kam es noch auf 45,3 Prozent, konnte also der NSDAP Paroli bieten: wie kaum sonst im Reich stand hier der NSDAP auch nach dieser nicht mehr freien Wahl eine starke Partei gegenüber. Alle anderen Parteien, auch die SPD, blieben in Meßkirch unter zehn Prozent:

SPD 9,0, im Bezirk sogar nur 2,9 Prozent, die Deutsche Nationale Volkspartei 4,1 und die Deutsche Staatspartei 3,5 Prozent. In Meßkirch hatten die Nazis nicht gesiegt, aber die Macht übernahmen sie doch. Sie hatten hier vor allem einen Gegner: die katholische Kirche und ihre Partei, das Zentrum. Deren Sprachrohr wurde zuerst gleichgeschaltet. Hans Pfeiffer, ein Lehrer, und Albert Zimmermann, der Redakteur, hatten im «Heuberger Volksblatt» kein Blatt vor den Mund genommen. Die Nationalsozialisten bezeichneten sie als «unzufriedene Bankrotteure», als «Phantasten, politische Schieber», als «Aufhetzer von Unzufriedenen und Postenjäger», womit sie deren Charakter ja ziemlich gut trafen. Den Führer Adolf Hitler verglichen sie hellsichtig mit dem Massenmörder Haarmann.

Im April 1933 wurde denn auch Hans Pfeiffer an seinem Wohnort Emmendingen in Schutzhaft genommen, wie das beschönigend hieß: angeblich um ihn vor dem Zorn des Volkes zu retten, nahm die Polizei ihn in Haft. Dasselbe geschah bald darauf mit Albert Zimmermann. Ende April 1933 war das «Heuberger Volksblatt» wieder verboten worden. Am 1. Mai brachte Zimmermann eine Ausgabe mit Erlaubnis des Bezirksamtes heraus, seine letzte Ausgabe. Der 1. Mai 1933 war der Tag, an dem der Philosoph Martin Heidegger in Freiburg der Nationalsozialistischen Deutschen Arbeiterpartei beitrat. Der 1. Mai war der Tag, an dem auf dem Tempelhofer Feld in Berlin die große Massenveranstaltung mit dem Führer stattfand, die der Dichter Gottfried Benn so erhebend in seinem «Brief an die literarischen Emigranten» schildert, ein Ereignis, das ihn von der Kraft der neuen Bewegung überzeugte.

Die Kraft der Bewegung zeigte sich auch in Meßkirch. Am 2. Mai kam es zu einem wohl geplanten Volksaufstand, etwa 100 Leute tobten vor dem Haus des «Heuberger Volksblatts», etliche drangen ein, durchstöberten die Räume der Redaktion und verwüsteten sie. Dann erschien die Polizei, um Redakteur Zimmermann vor dem Volkszorn zu schützen: er wurde in Schutzhaft genommen. Auf dem Dach des katholischen Blattes wurde die Hakenkreuzfahne gehißt.

Pfarrer Otto Meckler setzte sich für Albert Zimmermann ein, der daraufhin freigelassen wurde mit der Bedingung, den Bezirk Meßkirch zu meiden. Meckler ließ sich nach längeren Beratungen mit Mitgliedern des Zentrums und des Erzbischöflichen Ordinariats in Freiburg auf einen faulen Kompromiß ein. Das «Heuberger Volksblatt» durfte weiter erscheinen, aber nicht mehr als Blatt des Zentrums, sondern als «katholische Tageszeitung», die sich verpflichtete, wie es am 4. Mai im Blatte hieß, «im Geiste und auf dem Boden der nationalen Neuordnung in Deutschland» zu stehen und «die Regierung in Reich und Land positiv zu unterstützen».

Als Redakteur Zimmermann wieder verhaftet wurde und ins nahe KZ Heuberg bei Stetten eingeliefert wurde, war das seiner Zeitung, dem «Heuberger Volksblatt», nur einen Satz wert: «In Schutzhaft genommen wurde gestern nachmittag in Meßkirch Redakteur A. Zimmermann». Schließlich gelang es Vertretern der Kirche doch noch, seine Freilassung zu erwirken. Er lebte hinfort zurückgezogen – er war 63 Jahre alt – in Riedlingen; Meßkirch durfte er nicht mehr betreten. Den Katholiken Meßkirchs war vor Augen geführt worden, was mit denen geschieht, die sich der neuen Ordnung widersetzten. Es war klug, vorsichtig zu sein.

Schon bald hieß das «Heuberger Volksblatt», in dem die Kirche keinen Einfluß mehr besaß, «Deutsche Volkszeitung». 1935 wurde es eingestellt, genauso wie die «Meßkircher Zeitung». Hinfort gab es in der Region nur noch eine Zeitung, das NS-Blatt «Bodensee-Rundschau». Die Katholiken hatten kein Sprachrohr mehr; ihre Vereine, ihre Jugendorganisationen wurden – wiewohl das dem Konkordat widersprach – nach einiger Zeit ebenfalls verboten oder zwangsweise in nationalsozialistische Organisationen überführt. Freilich ging im Verborgenen die Jugendarbeit weiter; nicht nur die Ministranten, viele Jugendliche über 14 Jahren trafen sich in der Kirche oder im Pfarrhaus zu Gruppenstunden. Dem Pfarrer Meckler wurde schließlich verboten, die Schule zu betreten.

Die «alten Kämpfer», also Nationalsozialisten, die vor 1933 der NSDAP oder einer ihrer Gliederungen beigetreten waren, versorgten sich in Meßkirch zunächst einmal mit Posten. Das nannte die «Bodensee-Rundschau»: «der Besen hat angefangen zu kehren». Der NS-Ortsgruppenleiter Ramsperger wurde neuer Krankenkassenverwalter, der alte wurde aus dem Amt geworfen; SS-Sturmführer Rudolf Mainhard, dem es gelungen war, einen immerhin 12 Mann starken SS-Sturm in Meßkirch zusammenzubringen, bekam die Stadtkassengehilfenstelle und SA-Sturmführer Emil Müller wurde Ratsdiener; untergeordnete Positionen, ihren Fähigkeiten enstprechend, aber doch sichere.

Im Gemeinderat saßen zunächst noch drei Vertreter des Zentrums und ein SPD-Mitglied, das nach dem Verbot der SPD im Juni 1933 ausscheiden mußte. DNVP und DVP lösten sich bald danach auf. Und am 5. Juli 1933 löste sich das Zentrum als letzte demokratische Partei selbst auf. Das Zentrum hatte schon dem «Ermächtigungsgesetz» zugestimmt, mit dem Hitlers Diktatur legitimiert werden sollte; nur die Sozialdemokraten hatten dagegen gestimmt, die Kommunisten waren schon verboten. Damit hatte sich die Partei des politischen Katholizismus ohnehin schon aufgegeben bzw. sie war von den deutschen Bischöfen und vom Vatikan aufgegeben worden. Das Konkordat, das Sicherheit für die Tätigkeit der katholische Kirche in Deutschland bringen sollte, schien das Opfer wert.

Vor der Volksabstimmung am 12. November 1933, zu der auch der Philosoph Martin Heidegger aufgerufen hatte, brachte das noch existierende «Heuberger Volksblatt» einen Aufruf: «Katholische Wähler! Katholische Wählerin! Wirst Du am 12. November zur Abstimmung gehen? Bist Du entschlossen, Dein Ja für unsere Gleichberechtigung und für Frieden abzugeben? Bist Du entschlossen und selbstlos genug, Deine Hand zum inneren Frieden zu bieten, indem Du Dein Kreuz in den Kreis für die große nationale und soziale Bewegung hineinzeichnest? Oder willst Du verärgert beiseite stehen bleiben und Anlaß geben zu dem Vorwurf, die Katholiken seien national unzuverlässig?» So ging es eine ganze Seite weiter.

Es gab zwei Stimmzettel, einen für die Volksabstimmung, einen für die Reichstagswahl. Auf dem für die Volksabstimmung stand:

«Billigst Du, deutscher Mann, und Du, deutsche Frau, diese Politik Deiner Reichsregierung, und bist Du bereit, sie als den Ausdruck Deiner eigenen Auffassung und Deines eigenen Willens zu erklären und Dich feierlich zu ihr zu bekennen.» Darunter ein Kreis für Ja und einer für Nein. Auf dem Zettel zur Reichstagswahl stand nur eine Partei, die Hitlers, und nur ein Kreis, den es anzukreuzen galt. Das war unmißverständlich, trotzdem gab es noch eine Erläuterung: «Der Wähler hat bei der Volksabstimmung auf dem grünen Stimmzettel in den Kreis unter dem vorgedruckten Ja sein Kreuz einzusetzen. Der Kreis unter Nein bleibt frei. Auf dem Stimmzettel für die Reichstagswahl wird in den Kreis hinter dem Namen der NSDAP ein Kreuz eingezeichnet.»

Es blieb also nur, wollte man nicht dem Führer zustimmen, der Wahl fernzubleiben oder die Stimmzettel ungültig zu machen. In Meßkirch lag die Wahlbeteiligung bei 96,4 Prozent der 1 555 Wahlberechtigten; wer nicht zur Wahl ging, wurde bemerkt. Nur 56 blieben der Wahl fern, 49 stimmten mit Nein, 47 machten die Stimmzettel ungültig. Zählt man diese zusammen, kommt man auf etwa 10 Prozent, die noch in Meßkirch den Mut hatten, den Nazis im November 1933 eine Absage zu erteilen. Im November zuvor hatten noch 52,5 Prozent das Zentrum gewählt.

13. Der Erzbischof

Conrad Gröber wurde als Sohn eines Schreinermeisters am 1. April 1872 in Meßkirch geboren. Er nahm den Weg, der begabten Meßkircher Buben offen stand. Nach dem Besuch des Gymnasiums in Konstanz studierte er von 1891 bis 1893 katholische Theologie in Freiburg. Danach kam er, eine Auszeichnung für besonders Begabte, an die päpstliche Elite-Universität Gregoriana in Rom. Er wohnte im Collegium Germanicum-Hungaricum, das für die Studenten aus den deutschsprachigen Ländern und denen der österreich-ungarischen Monarchie eingerichtet worden war. In Rom empfing er 1897 die Priesterweihe, 1898 promovierte er zum Dr. theol. und kehrte in die Heimat zurück. Hier begann er, wie sich das gehörte, auf der unteren Sprosse der Leiter seine Laufbahn: zunächst als Hilfsgeistlicher in Ettenheim, dann als Vikar an St. Stephan in Karlsruhe, schließlich 1901 bis 1905 als Rektor des Erzbischöflichen Konvikts, des Konradihauses in Konstanz, das er einst selbst besucht hatte. Hier fiel ihm der talentierte Martin Heidegger aus dem heimischen Meßkirch auf. Er gab ihm die Dissertation Franz Brentanos, eines Neffen des Dichters Clemens Brentano: «Von der mannigfachen Bedeutung des Seienden nach Aristoteles», die Grundlage des Philosophierens von Martin Heidegger wurde, wie er selbst verschiedentlich bekannte. Franz Brentano, ein katholischer Geistlicher, der nach dem Konzil von 1870 aus der Kirche ausgetreten war, lehrte an der Universität Wien. Einer seiner Schüler war Edmund Husserl, der später Martin Heidegger in Freiburg zu seinem Assistenten machte.

Von 1905 bis 1922 war Conrad Gröber Pfarrer der Dreifaltigkeitskirche in Konstanz, von 1922 bis 1925 am Münster in Konstanz. Dann kam er nach Freiburg in das Führungsgremium des Erzbistums; er war 1925 bis 1931 Domkapitular. 1927 beim 100jährigen Jubiläum des Erzbistums und 1929 beim Deutschen Katholikentag in Freiburg lernte Gröber den damaligen Nuntius Pacelli kennen, den späteren Papst Pius XII., eine Verbindung, die ihm noch nützen sollte. Er begleitete den Nuntius auf einer Reise durch den Schwarzwald.

Schon in Konstanz galt er als der populärste Mann der Stadt, er war ein leidenschaftlicher Redner und engagierter Seelsorger, der noch Zeit fand, ein Buch über den mittelalterlichen Mystiker Heinrich Seuse zu schreiben. Auch in Freiburg gehörte er bald zu den bekanntesten Köpfen der Stadt. 1931 wurde er Bischof von Meißen und schon 1932, nach dem frühen Tod des Erzbischofs Fritz, wurde er Erzbischof von Freiburg und damit Metropolit der oberrheinischen Kirchenprovinz. Nun bot sich ihm ein breites Betätigungsfeld, hatte er doch schon 1921 in einem Vortrag über das Priestertum gesagt: «Es mag schön sein, in einem ruhigen Gelehrtenleben nur dem Forscherdrang zu dienen, aber ich meine, es ist noch schöner und größer, dann und wann die weihevolle

Stille der Gelehrtenstube mit dem rauschenden Leben zu vertauschen, um in christlicher Glaubensglut und Liebe andere zu stärken. So befruchtet die Wissenschaft das Leben, das Leben aber wird auch sie befruchten. Mancher wäre der Wahrheit näher gekommen oder nähergeblieben, wenn er nicht dem Leben ferngestanden hätte.»

Das Leben konfrontierte ihn allerdings mit Verhältnissen, die er nicht erwartet hatte. Er war im wilhelminischen Reich groß geworden, ein national gesinnter Mann trotz seiner Treue zur römischen Kirche. Das Ende des Kaiserreichs hatte eine demokratische Regierung in Karlsruhe gebracht, mit der er sich rasch zurechtfand. Zentrum und Sozialdemokratie regierten dort gemeinsam bis 1933. Mit der badischen Regierung konnte und mußte man verhandeln, nicht immer war es einfach, aber ein erträglicher Kompromiß kam immer heraus. Nach 1933 brauchte Gröber einige Zeit, bis er einsah, daß er von den neuen Machthabern nur Unbill erwarten konnte; an nichts, was sie versprachen, fühlten sie sich gebunden. Und doch waren die Versprechungen Hitlers in seiner Regierungserklärung vom 23. März 1933 der Strohhalm, an den die katholischen Bischöfe sich hielten: «Ebenso legt die Reichsregierung, die im Christentum die unerschütterlichen Fundamente des sittlichen und moralischen Lebens unseres Volkes sieht, den größten Wert darauf, die freundschaftlichen Beziehungen zum Heiligen Stuhl weiterhin zu pflegen und auszugestalten.» Das war dahingesagt, um das Zentrum zufriedenzustellen.

Eilfertig betrieb Kardinal Bertram aus Breslau eine Erklärung der deutschen Bischöfe, die schon am 28. März 1933 erschien und die bisherige scharfe Trennung von Katholiken und Nationalsozialisten zurücknahm. Bis dahin hatten die Bischöfe den Nationalsozialismus scharf verurteilt; die Auffassungen des Nationalsozialismus, stellten sie am 14. September 1930 fest, seien mit der Glaubens- und Sittenlehre der katholischen Kirche nicht vereinbar. Wer Katholik sei, könne nicht Nationalsozialist sein. Nun aber hieß es: «Ohne die in unseren früheren Maßnahmen liegenden Verurteilungen bestimmter religiös-sittlicher Irrtümer aufzuheben, glaubt daher der Episkopat, das Vertrauen hegen zu können, daß die vorbezeichneten allgemeinen Verbote und Warnungen nicht mehr als notwendig betrachtet zu werden brauchen.»

Die Katholiken waren eine Minderheit im deutschen Reich, am Aufkommen des Nationalsozialismus hatten sie geringen Anteil. Als geschlossene Gruppe, die sich hätte widersetzen können, wären sie aber von erheblichem Gewicht gewesen. Der Wille zu Widersetzlichkeit war bei den Laien und einfachen Priestern groß. Die Bischöfe ließen diese Gläubigen aber im Stich. Ihre Erklärung wirkte wie ein Dammbruch; den Damm, den sie gebaut hatten, rissen sie selbst ein. Sie taten es aus Verantwortungsgefühl, so meinten sie jedenfalls: sie wollten das Überleben der Kirche sichern und sie wollten keine Märtyrer schaffen. Sie dachten pragmatisch. Märtyrer gab es dann doch genug unter Laien und Priestern. Und daß die Kirche letztendlich ganz gut überlebte, verdankte sie den Alliierten. Hätten Hitler und die Seinen den Krieg gewonnen, wären die Kirchen rücksichtslos beseitigt worden wie im Bolschewismus; das hat Hitler in seinen Tischgesprächen verschiedentlich geäußert; über die Feigheit des hohen Klerus hat er sich dabei lustig gemacht.

Es war eine tiefe Angst, die den Episkopat bedrängte: die Angst vor dem Bolschewismus und den Gefährdungen der modernen Welt überhaupt; davor schienen die Nationalsozialisten zu schützen. Angst hatten die Bischöfe aber auch davor, daß die Nationalsozialisten ähnlich wie die Bolschewisten einen Kirchenkampf führen könnten. An den Kulturkampf unter Bismarck erinnerten sich Conrad Gröber und seine Kollegen noch allzu gut. Mit vertraglichen Vereinbarungen wollten sie sich dagegen sichern, mit einem Konkordat, das ihre Rechte festschrieb. Die Nationalsozialisten brauchten die Zustimmung der katholischen Kirche nur so lange, bis ihre Herrschaft gefestigt war. Dann konnten sie den Kirchenkampf zu Ende führen. Der Krieg hinderte sie daran: sie konnten sich eine scharfe Auseinandersetzung im Innern des Reiches nicht leisten. Und im Krieg gegen den Bolschewismus brauchten sie den Rückhalt der Katholiken.

Daß Conrad Gröber sich den Nationalsozialisten zuneigte, als sie in Freiburg die Macht an sich rissen, ist nicht nur sein persönliches Versagen, sondern das des gesamten Episkopats. Er handelte als führendes Mitglied der Kirche. Seine Individualität zeigt sich in seinem Temperament, er neigte zu cholerischen Ausbrüchen und bezeichnete sich selbst als sanguinisch-cholerisch. Ich heiße nicht grob, sondern gröber, soll er gesagt haben. Dieses Temperament führte ihn nach 1933 zu einer stärkeren Zustimmung zu den Nationalsozialisten, als es die Politik des Episkopats nötig gemacht hätte. Er trat sogar dem Verein «Freunde der SS» bei und das gesamte Domkapitel auch; 1937 erst wurde er durch Himmler persönlich ausgeschlossen. Sein Temperament hatte ihn schließlich auch zu einem stärkeren Widerspruch und zu einer größeren Widersetzlichkeit gegen die Nationalsozialisten geführt; er tat mehr als die meisten anderen Bischöfe.

Vom 25. bis 28. April 1933 fand in Freiburg eine Diözesansynode statt, zu der schon zu Beginn des Jahres eingeladen worden war. Der Erzbischof nutzte sie zu einer Grundsatzrede; sein Manuskript ist überliefert. Er gab zunächst eine sachliche Beschreibung der Situation, wie er behauptete. Er nahm die neuen Machthaber ernst, er rechnete nicht mit einem kurzen Zwischenspiel wie manche oppositionellen Politiker, sondern mit einer neuen Entwicklungsphase. Dabei sah er durchaus Positives, denn vieles, was ihm an der modernen Welt mißfiel, wollten die Nationalsozialisten beseitigen, zuvörderst den Sozialismus und Marxismus. «Interniert oder auf schleuniger Flucht begriffen sind Sozialismus und Kommunismus, von dem wir vor wenigen Wochen noch befürchten mußten, daß er bald ganz Deutschland umwühle und beherrsche. Rein religiös erledigt zu sein scheinen der krasse Atheismus und das proletarische Freidenkertum, diese angriffslustigen Trabanten des Materialismus und des marxistischen Systems.» Hier hatte der Nationalsozialismus der Kirche geholfen, so schien es. Auch «der kulturelle Liberalismus mit seiner Atomisierung der Gesellschaft» sei nun überholt, meinte er. Ohne Genugtuung erfolgt seine Feststellung, «der konstitutionelle Staat und die Republik in ihrer bisherigen parlamentarischen Form» seien abgeschafft, schließlich war das Zentrum Teil dieser Republik.

«Wir leben in einer Revolution, in einer Umwälzung wie die Menschheit selten zuvor», das sieht auch er, aber differenzierter als der Philosoph Martin Heidegger: die Jugend sei am Werk, es sei eine Art stürmischer Jugendbewegung, deshalb der Drang nach dem Äußerlichen, Oberflächlichen, nach Umzügen und Abenteuern, deshalb auch die Züge des Rücksichtslosen, Gewalttätigen und Elementaren. Und er erkennt das Planvolle in allem, das sich so spontan gibt als Ausfluß des Volkswillens oder Volkszorns: «Wir wissen, daß das, was sich gegenwärtig anbahnt, aus festen, scharf umrissenen Plänen herauswächst wie ein gewaltiges Bauwerk. Wir wissen, daß die Menschen, in deren Hände der Allmächtige die Geschicke des Volkes gelegt hat, auch die ferne Zeit genau kennen und die Mittel besitzen und noch schaffen, um sie rücksichtslos zu erreichen.» Er unterschätzt den Gegner nicht, er weiß, worauf die Kirche sich einstellen muß. Daß der Allmächtige seiner Meinung nach diesen Menschen die Geschicke des Volkes in die Hände gelegt hat, gibt ihnen allerdings schon fast eine Rechtfertigung.

Was ihm gefällt an dieser neuen Bewegung, so der Erzbischof weiterhin, ist ihr «Idealismus»: «Idealistisch in gutem Sinne ist der Sinn für Sauberkeit und Ehre, idealistisch der Ruf nach nationaler Größe und Einheit, idealistisch der Kampf gegen Schmutz und Schund.» Auch in seiner Zeichnung der Ursachen der Bewegung kommt der national gesinnte Mann zu Wort: das Diktat von Versailles, die Erniedrigung Deutschlands nach dem Ersten Weltkrieg und schließlich der Bankrott des Parlamentarismus, dem es nicht gelungen sei, die Geschicke des Staates zu ordnen – dies seien die Ursachen für den Erfolg des Nationalsozialismus.

Seine Haltung, mit der er alles betrachtet, ist sicherlich nicht nur für die führenden Kreise der katholischen Kirche in Deutschland typisch, sondern auch für große Teile des deutschen Bürgertums, die am Anfang den Nationalsozialismus bei allem Abscheu, bei aller Zurückhaltung doch auch als eine in Teilen nützliche Bewegung sahen, die vieles von dem, was ihnen an der modernen Welt mißfiel, beiseite schafften, also «Schmutz und Schund», und für Ordnung und Sauberkeit eintraten. Für Erzbischof Gröber steht fest, daß der Faschismus die «stärkste geistige Bewegung der Gegenwart ist». Daraus zieht er die Konsequenz, daß sich die katholische Kirche dieser Bewegung nicht verschließen könne.

Die «Kölnische Volkszeitung» brachte am 27. April 1933 eine kurze Nachricht über die Freiburger Synode, die mit dem Satz endete: «Erzbischof Gröber ließ nicht den geringsten Zweifel darüber, daß die Katholiken den neuen Staat nicht ablehnen dürfen, sondern ihn positiv bejahen und in ihm unbeirrt mitarbeiten müssen, aber mit Würde und mit Ernst, keine Provokation und kein unnützes Martyrium.» Damit war Gröber der erste deutsche Bischof, der in der Öffentlichkeit den neuen Staat bejahte: er schien ein Anhänger des Nationalsozialismus zu sein. In Wirklichkeit, das ist in seinem Manuskript nachzulesen, bejahte er den neuen Staat nicht aus Begeisterung, sondern aus Einsicht in die Notwendigkeit: es blieb der Kirche nichts anderes übrig, als mitzutun, wollte sie kein Martyrium. Die neue Bewegung schien ihm so stark, daß man nur versuchen konnte, «die Nerven zu behalten», wie er sagte, «und dabei an das Volksganze und katholische Ganze zu denken, so schwer und schmerzlich auch für manche» es sein mochte. Er rechnet mit den kommenden Auseinandersetzungen. Und er ahnt, daß sie schwer sein werden.

«Wir brauchen kein unnützes und verfrühtes Martyrium. Es ist schädlich für den, der es erleiden muß, und für die Sache. Wir müssen uns einschalten, um Einfluß zu gewinnen, und bei inneren Hemmungen nur den einen Gedanken durchdenken: Was wird aus Deutschland, aus dem deutschen Volk, aus dem katholischen deutschen Volk, wenn das Neue, das nun geworden ist, wieder zerfällt. Hier gibt es kein Zurück mehr, sondern nur noch ein Vorwärts ... Wir müssen uns endlich vorbereiten, als ob noch schwere Kämpfe uns bevorstehen. Nur Gott weiß, ob wir ruhigen Zeiten der Abklärung und Befriedigung oder neuen schweren Erschütterungen entgegengehen, schwereren als jenen des Kulturkampfes der siebziger Jahre.»

14. Die Schwarzwaldhütte

Am Steilhang eines weiten Hochtales des südlichen Schwarzwaldes steht in der Höhe von 1150 Meter eine kleine Skihütte. Im Grundriß mißt sie 6 zu 7 Meter. Das niedrige Dach überdeckt drei Räume: die Wohnküche, den Schlafraum und eine Studierzelle. In der engen Talsohle verstreut und am gleich steilen Gegenhang liegen breit hingelagert die Bauernhöfe mit dem großen überhängenden Dach. Den Hang hinauf ziehen die Matten und Weidflächen bis zum Wald mit seinen alten, hochragenden, dunklen Tannen. Über allem steht ein klarer Sommerhimmel, in dessen strahlenden Raum sich zwei Habichte in weiten Kreisen hinaufschrauben.»

So beschreibt Martin Heidegger seine Hütte in Todtnauberg am 7. März 1934 in einem Artikel für das «Kampfblatt der Nationalsozialisten Oberbadens»: «Der Alemanne». Die sachliche Beschreibung der herben und eindrucksvollen Landschaft führt zu einer Schilderung der Arbeit der Bauern und schließlich der Arbeit des Philosophen, die ihm hier erst möglich ist. Es ist kein Aufruf zur Wahl der NSDAP, kein Bekenntnis zum Führer. Der nationalsozialistische Jargon fehlt und die philosophische Verbrämung desselben. Ist es ein Dokument des Rückzugs?

Fast bedauernd heißt es, zuweilen sei die Arbeit «dort oben», also auf der Hütte, durch Verhandlungen, Vortragsreisen und die Lehrtätigkeit «hier unten» durchbrochen. Seine eigentliche Arbeit vollzieht sich «dort oben». Er will sich offensichtlich von dem enttäuschenden «Unten» absetzen, in das er sich eingelassen hatte, damit er sich dorthin zurückziehen kann, wohin er gehört: nach «Oben». Dort oben hat er Gemeinschaft mit den einfachen Bauern, die im wahren Leben stehen, die «städtische Welt» bleibt hinter ihm zurück; sie ist in Gefahr, «einem verderblichen Irrglauben anheimzufallen.» Doch ist er selbst nicht gerade einem verderblichen Irrglauben anheimgefallen – trotz seiner Hütte dort oben, die seine Frau schon 1922 für ihn bauen ließ?

Man kann aus dem Text eine Distanzierung von den Nationalsozialisten herauslesen, jedenfalls von ihrer Heidegger enttäuschenden Praxis, nicht nur in Freiburg. Ansätze zur Selbstkritik
gibt es hier nicht, sie kommen später. Die andern sind im Irrtum.
Er steht in der Wahrheit. Kaum einer kann ihn begreifen, jedenfalls die Städter nicht, die von draußen hinzutreten, nur die Ein-
heimischen, die hier schon immer waren. Doch denen muß er
nichts erklären, die verstehen stumm. Sein Aufsatz richtet sich
also doch an die draußen, denen er seinen Standpunkt verständlich machen will.

Seine Rechtfertigung ist eine Stilisierung: eine Stilisierung seiner Selbst – er ist der Philosoph des Einfachen, Grundlegenden –
und eine Stilisierung der Bauern – sie sind die Vertreter des rechten Lebens in der Natur. Er verklärt also ihre Plackerei genauso
wie die Städter, denen er dies vorwirft. Wendet er sich auch gegen
«verlogenes Gerede der Literaten über Volkstum und Bodenständigkeit», so verfällt er doch selbst diesem Gerede. Seine Abwehr
gegen dieses von den Nationalsozialisten übernommene Gerede
von «Blut und Boden» verbindet er – paradox genug – mit einer
Rechtfertigung seines Rückzugs durch eben dieses Gerede. Er ist
eben wahrhaftig der urtümlichen Landschaft nahe – im Gegensatz zu den Literaten, die dies nur behaupten.

«Wenn in tiefer Winternacht ein wilder Schneesturm mit seinen Stößen um die Hütte rast und alles verhängt und verhüllt,
dann ist die hohe Zeit der Philosophie. Ihr Fragen muß dann
einfach und wesentlich werden. Die Durcharbeitung jedes Ge-
dankens kann nicht anders denn hart und scharf sein. Die Mühe
der sprachlichen Prägung ist wie der Widerstand der ragenden
Tannen gegen den Sturm. Und die philosophische Arbeit verläuft
nicht als abseitige Beschäftigung eines Sonderlings. Sie gehört
mitten hinein in die Arbeit der Bauern. Wenn der Jungbauer den
schweren Hörnerschlitten den Hang hinaufschleppt und ihn als-
bald mit Buchenscheiten hoch beladen in gefährlicher Abfahrt
seinem Hof zulenkt, wenn der Hirt langsam-versonnenen Schrittes sein Vieh den Hang hinauftreibt, wenn der Bauer in seiner
Stube die unzähligen Schindeln für sein Dach werkgerecht her-

richtet, dann ist meine Arbeit von derselben Art. Darin wurzelt die unmittelbare Zugehörigkeit zu den Bauern.»

Das ist natürlich zunächst einmal eine Abkehr von dem üblichen Philosophieren in Stadt und Universität, eine Abkehr von den Großstadt- oder «Asphalt»-Literaten, von all den nicht in deutschem Boden verwurzelten Schreibern, die darum auch nicht einfach und wesentlich philosophieren können. Er spielt hier auf ein allbekanntes Vorurteil an, das den Nationalsozialisten zur Verfolgung mißliebiger, vor allem jüdischer Intellektueller diente, ohne es zu nennen. Es ist als Negation in seiner Position enthalten: Er ist der deutsche Denker, der sich von diesen anderen abhebt. Er ist im Bauerntum verwurzelt und im Boden der Heimat. Doch diese Verwurzelung ist nichts anderes als eine Metapher.

Wenn er bei schlechtem Wetter gut philosophieren kann, hat dies etwas mit seiner Gestimmtheit zu tun, aber es belegt noch lange nicht, daß seine Philosophie so stark und prächtig ist wie Wind und Schnee. Wenn er die Bauern bei ihrer Arbeit sieht und dies ihn zu seiner Arbeit anregt, heißt das noch lange nicht, daß seine Philosophie von ähnlicher Strenge und Notwendigkeit ist wie die Arbeit der Bauern. Seine Zugehörigkeit ist nichts anderes als ein Ergebnis seiner Empfindung. Er ist kein Bauer, er stammt aus kleinbürgerlichen, kleinstädtischen Verhältnissen und ist zum akademischen Lehrer aufgestiegen. Er gehört zu den Städtern, die «unters Volk» gehen, wenn er sich von diesen auch zu unterscheiden trachtet.

Als Professor der Universität Freiburg ist er weit von den Bauern entfernt, auch wenn er mit ihnen auf einer Ofenbank sitzt und ihren Dialekt spricht. Was er tut, ist von anderer Art als das, was diese tun, die seit Jahrhunderten in ihrer Tradition leben, der Notwendigkeit der Arbeit im Jahreslauf gehorchend. Ihr Tun ist ihnen selbstverständlich, es bedarf keiner Rechtfertigung. Deshalb ihr Schweigen. Der Philosoph schweigt nicht. Er redet. Er schreibt. Er reflektiert. Ihm ist nichts selbstverständlich, er muß alles zu begründen suchen, da er sich mit den herkömmlichen Begründungen nicht zufrieden gibt. Haben die Bauern im Schwarzwald etwas, das über die Arbeit des Alltags hinausweist, dann bringt es ihnen der sonntägliche Kirchgang. Davon spricht hier Heidegger nicht.

«Der Städter meint, er ginge ‹unter das Volk›, sobald er sich mit einem Bauern zu einem langen Gespräch herabläßt. Wenn ich zur Zeit der Arbeitspause abends mit den Bauern auf der Ofenbank sitze oder am Tisch im Herrgottswinkel, dann reden wir meist gar nicht. Wir rauchen schweigend unsere Pfeifen.» Hier ist immerhin der Herrgottswinkel genannt, also die Zimmerecke, in der das Kruzifix hängt. Doch darum geht es nicht, es geht um das Schweigen. Die Bauern schweigen, der Philosoph auch, jedenfalls solange er auf der Ofenbank sitzt. Danach wandert er in seine Hütte und spricht bzw. schreibt: er schreibt viele Aufsätze und Bücher über Themen, die außerhalb des Interesses und des Verständnisses der Bauern sind.

«Die innere Zugehörigkeit der eigenen Arbeit zum Schwarzwald und seinen Menschen kommt aus einer jahrhundertelangen, durch nichts ersetzbaren alemannisch-schwäbischen Bodenständigkeit.» Diese Bodenständigkeit haben freilich auch die Nationalsozialisten nicht, die von Berlin aus hinein regieren wollen. So dient «Blut und Boden» auch deren Abwehr. Über Generationen hin auf demselben Boden: das gibt eine Gemeinschaft, die alle anderen ausschließt, die nicht dazugehören. Insofern prallt aber auch jede Kritik an dieser Gemeinschaft ab, kommt sie doch von außen.

«Der Städter wird durch einen sogenannten Landaufenthalt höchstens einmal ‹angeregt›. Meine ganze Arbeit aber ist von der Welt dieser Berge und ihrer Bauern getragen und geführt.» Damit ist sie unangreifbar wie die verschworene Gemeinschaft?

Natürlich bietet ihm die Hütte die beste Voraussetzung für seine intellektuelle Arbeit; darum wird ihn mancher beneiden, nicht zuletzt der akademische Städter, der Stille und Abgeschiedenheit sucht und nicht finden kann. Wer ein Buch schreibt, weiß, daß man sich für die Dauer des Schreibens auf dieses Buch konzentrieren und von anderen Dingen abziehen muß. Das ist nicht immer leicht. Eine Bleibe, die abseits des Getriebes Ruhe verbürgt, ist dabei von Vorteil.

Aber auch die Sehnsucht vieler Städter nach dem einfachen Leben in der Natur hat sich für Heidegger mit seiner Hütte auf beneidenswerte Weise erfüllt. Seine Sehnsucht ist die vieler anderer, etwa die Tausender Berliner, die sich am Wochenende in ihre Schrebergärten zurückziehen, um dort unter unzureichenden Bedingungen das Leben bei Mutter Grün zu genießen. Da es so viele Berliner sind, die das wünschen, und wenig Platz in der Stadt ist, erhält jeder nur eine kleine Laube und einige Quadratmeter Garten neben vielen anderen Lauben und kleinen Gärten. Laubenkolonie heißt das. Heidegger hat den Vorzug, in der wenig besiedelten Landschaft des Schwarzwaldes eine Hütte für sich allein zu besitzen, und ringsum gibt es nur wenige andere. So genießt der prominente Universitätsprofessor die Privilegien seines Standes und die Gunst der geographischen Lage. Warum sollte er da nach Berlin gehen? Der Aufsatz endet mit der Ablehnung des zweiten Rufes nach Berlin; alles, was bis dahin gesagt wurde, ist die Begründung der Ablehnung:

«Neulich bekam ich den zweiten Ruf an die Universität Berlin. Bei einer solchen Gelegenheit ziehe ich mich aus der Stadt auf die Hütte zurück. Ich höre, was die Berge und die Wälder und die Bauernhöfe sagen. Ich komme dabei zu meinem alten Freund, einem 75jährigen Bauern. Er hat von dem Berliner Ruf in der Zeitung gelesen. Was wird er sagen? Er schiebt langsam den sicheren Blick seiner klaren Augen in den meinen, hält den Mund straff geschlossen, legt mir seine treu-bedächtige Hand auf die Schulter und – schüttelt kaum merklich den Kopf. Das will sagen: unerbittlich Nein!»

Die Letztbegründung des Philosophen: das stumme Kopfschütteln eines alten Bauern. Die Absage ließe sich als Absage an den Nationalsozialismus lesen. Wäre er in der Reichshauptstadt nicht zum philosophischen Aushängeschild der Nationalsozialisten geworden? Sicher spielten die im Aufsatz genannten Gründe auch eine Rolle: er fühlte sich Freiburg und dem Schwarzwald verbunden, in Berlin hätte er sich fremd gefühlt. Doch die Absage an Berlin scheint noch keine endgültige Absage an den Führer und sein Reich.

Als Martin Heidegger Ende Februar 1934 vom Freiburger Rektorat zurücktrat, tat er dies auch aus Enttäuschung darüber, daß seine radikalen Ideen nicht durchzusetzen waren. Die Politik der NSDAP war ihm nicht revolutionär genug; jedenfalls entsprach sie nicht seinen Vorstellungen. So hätte ihm auch eine Berliner Professur nicht die Möglichkeit einer entschiedenen Wissenschaftsreform geboten.

Noch zu Beginn des Sommers 1934 arbeitete er an dem Plan einer Dozentenakademie für Berlin, angespornt vom dortigen Ministerium für Wissenschaft und Forschung. Alle zukünftigen deutschen Hochschullehrer sollten in dieser Akademie philosophisch geschult werden, von ihm womöglich. Sein Plan war es, die Einsamkeit, die er in Todtnauberg erlebte, in die Großstadt zu bringen. So wie er in Todtnauberg ein Eremit war, ohne fromm zu sein, so wollte er in Berlin ein Kloster bilden für Dozenten; die Vorbilder, die er in sich trug, waren nicht zu übersehen. Wenn er auch gegen «die Ideologie des Christentums» und die immer noch spürbare Macht der katholischen Kirche in Freiburg wetterte, war er in seinen Vorstellungen von diesem Christentum immer abhängig.

Aus dem «Todtnauberger Asyl» mitten in Berlin wurde nichts. Gegner innerhalb des Nationalsozialismus verhinderten es. Der Marburger Psychologe Erich Jaensch lieferte ihnen ein Gutachten, in dem er Martin Heidegger als «einen der größten Wirrköpfe und ausgefallensten Eigenbrötler» bezeichnete, «die wir im Hochschulleben haben». Der Philosoph blieb in der Provinz, in der philosophischen Provinz.

Für das Sommersemester 1934 hatte er eine Vorlesung «Der Staat und die Wissenschaft» angekündigt, welche die gesamte Nazi-Prominenz von Freiburg anlockte. Durch die zahlreichen Braunhemden hindurch bahnte sich der Philosoph seinen Weg zum Katheder. Er habe sein Thema geändert, begann er, er lese über Logik: «Logik kommt von Logos». Im Wintersemester 1934/35 hielt er seine erste Hölderlin-Vorlesung; er hatte in Hölderlin einen neuen Halt gefunden.

15. Die Sprache von Meßkirch

Eremit zu sein in der Einsamkeit der Bergwelt, ohne zu beten und zu fasten; Bauer zu sein in der Strenge der Natur, ohne von früh bis spät zu schuften; eine angesehene Position in der Stadt und eine feste Besoldung an der Universität und doch die stärksten Vorbehalte gegen Stadt und Universität; die Zeitungen verachten und doch von ihnen gelobt werden; wer wünschte sich das nicht? Der gebildete Akademiker möchte alles gleichzeitig haben, auch wenn sich das ausschließt, von allem eben ein bißchen. Die intellektuelle Unredlichkeit ist ihm so wenig bewußt wie seinen Anhängern. Seine Anhänger bewundern ihn, weil er von allem etwas hat: ein bißchen Eremit, ein bißchen Bauer, ein bißchen Weltweiser, ein bißchen Politiker und sehr viel deutscher Professor. (Ich bin auch einer.)

Martin Heidegger machte seinen Weg, weil er sich von seiner Herkunft löste: von der kleinbürgerlichen Enge Meßkirchs und von der katholischen Amtskirche. Und doch blieb er beiden verbunden, mit der Herkunft liebäugelte er immer wieder, sie als Rechtfertigung seines bodenständigen Philosophierens einsetzend, wiewohl sein Denken und Sprechen mit dem der Leute von Meßkirch nichts mehr zu tun hatte. Die Sprache von Meßkirch ist eine andere als die Martin Heideggers.

Der aus Meßkirch gebürtige katholische Religionsphilosoph Bernhard Welte sammelte 230 Redensarten und Sprüche aus dem alten Meßkirch, die einen Anschein geben von dem Denken und Reden der Menschen dort gegen Ende des 19. Jahrhunderts, als die Welt noch in Ordnung schien, also vor den großen Umbrüchen des Krieges, der Revolution, der Industrialisierung. Bernhard Welte war von 1934 bis 1948 Sekretär des Erzbischofs Gröber in Freiburg und wurde dann Professor an der Universität in dem Fach, das einst für Martin Heidegger vorgesehen war. Mit Martin und Fritz Heidegger war Bernhard Welte gut bekannt. Kurz vor seinem Tode bat ihn Martin, zu seiner Beerdigung auf dem Friedhof in Meßkirch die Predigt zu halten, was er auch tat.

Die Quelle von Weltes Sammlung war die Schwester des Erzbischofs: Maria Gröber, geboren in Meßkirch 1873, die ihrem Bruder den Haushalt führte. Nach dessen Tod 1948 nahm Bernhard Welte sie in seinen Haushalt; 1962 ist sie gestorben. Diese alte Meßkircherin erzählte, was sie noch von ihrer Mutter und ihrer Base gelernt und im Laufe ihres Lebens in Meßkirch gehört hatte. Ihre Base war ein in Meßkirch bekanntes Original: Lina Gröber, Tochter des Ratsschreiber Matthias Gröber, auch Katzen-Lina genannt wegen ihrer Liebe für Katzen; sie starb 1959 mit 83 Jahren.

Bernhard Welte hielt fest, was er von Maria Gröber hörte, und veröffentlichte es 1981 in der Zeitschrift «Hegau». Die Redensarten sind grob und witzig, mal anrührend, mal deftig. Sie treffen alle Bereiche des Lebens, sind abgeleitet aus Erfahrungen und anwendbar auf neue Erfahrungen, also vielfach verwendbar. Sie sprechen von dem, was die Menschen vornehmlich beschäftigte: das sind die Arbeit und die Armut, aber auch die Charaktere und Verhaltensweisen von Nachbarn und Freunden und die Beziehung zu Gott und Natur.

Eine alte vorchristliche Haltung ist darin noch zu erkennen in Magie und Beschwörungen und eine christliche Frömmigkeit, die sich mit der alten Haltung nicht selten mischt. Durchweg ist Skepsis zu spüren, auch Mißtrauen, Ausdruck von Erfahrungen, die zur Vorsicht rieten. Einige Beispiele, dem Hochdeutschen angenähert.

«Mir sind Leit wie Pfarrers Leit. Nur nit so heilig.» Also: die Pfarrer sind etwas Besonderes, aber wir sind auch etwas Besonderes, wenn auch nicht so fromm. «Besser bäurisch gefahren, als herrisch gelaufen.» Eine ironische Verkehrung: die Herren, die sich besser dünken, sind nicht immer besser. Und: «Wenn der Bauer aufs Ross kommt, reitet er ärger als der Herr.» Emporkömmlinge sind also schlimmer als Alteingesessene.

«Der meint auch, mit einem Furz könnt er einen ganzen Acker düngen.» Er bildet sich all zuviel ein. «Der scheißt nit ohne Vorteil». Der macht nichts, wovon er keinen Nutzen hat. «Du machst ein Gesicht, wie wenn du eine Hummelmauch gefressen hättest.»

Wenn man eine Hummel (oder Hornisse) gefressen hat, verzieht man arg das Gesicht. Weiteres:

«Du rennst ja herum wie der Furz in der Latern.»

«Do heißts: früh gesattelt und spät geritten.»

«Du tappst daher wie der Blinde im Mus.»

«Du sitzt da wie das Pfännle ohne Stiehl.»

«Der ist verliebt wie ein Arsch in ein altes Paar Hosen.»

«Den tät ich nit nehme und wenn er einen goldenen Hintern hätte.»

Und zu den Super-Gescheiten: «Der ist gescheiter als Salomons Katz, die ist rückwärts den Baum hinauf, daß man ihren Hintern nicht gesehen hat.» Seine Gescheitheit ist also ziemlich unnütz. Zur Armut: «Mach eine Faust, wenn du eine Hand hast.» Er hat also nichts. «Lieber eine Laus auf dem Kraut als gar kein Fleisch.» Es gibt also kein Fleisch. «Wer handelt, der gewinnt, und wer schafft, hat nint.» Wer Handel treibt, macht Gewinn, wer schuftet, hat nichts. «Wer nichts erheiratet und nichts irbt (erbt), bleibt ein Bettler, bis er stirbt.» «Die Mutter hat immer gesagt: zum Kaffee muß man nicht beten, den muß man ja kaufen.» Alles andere – Nahrung und Kleidung – kam aus der eigenen Herstellung, nur den Kaffee mußte man im Laden kaufen. Um das, was man selbst anbaute, mußte man beten: für gutes Wetter und guten Ertrag.

Und zur Ehe: «Mann und Weib sind ein Leib, aber nit eine Gurgel». Sie haben also unterschiedlichen Geschmack. «Koche und backe, Reinigkeit mache, schwätze und lache, Hoffart und Verführung ist der Weiber Hantierung.» Das mag ein Mann gereimt haben. «Die erste ist eine Hobelbank, die zweite sitzt drauf». Über die erste und die zweite Frau eines Mannes. «Ein bleierner Friede ist besser als ein goldener Streit.» Das mag nicht nur für die Ehe gelten.

«Almosen geben armet nicht und Kirchengehen säumet nicht.» Eine fromme Regel. «Kägisch rätsch, was du willst, ich glaub dir nit, ich glaub an Gott den Vater». Das ist die Abwehr eines Aberglaubens, wonach der Häher, wenn er schreit, Unheil ankündigt. Eine Maßnahme zur Beseitigung von Warzen soll laut Bernhard Welte schon geholfen haben: «Um eine Warze zu vertreiben, muß man aufpassen, bis man bei der Messe am Sonntag zwei Menschen sieht, die während der Wandlung miteinander schwätzen. Dann muß man schnell die Warze greifen und sagen: «Was i sieh, des ischt e Sind. Was i greif, des verschwindt.»

Diese bäurisch-deftige Sprache von Meßkirch, schon veraltet, als Bernhard Welte sie sammelte, ist nicht die Sprache von Martin Heidegger, dessen Philosophieren Robert Minder einmal als «Die Sprache von Meßkirch» abwertete. Die Sprache von Meßkirch, in Rudimenten in Weltes Sammlung enthalten, ist von dem eigenwilligen Deutsch des Philosophen Martin Heidegger weit entfernt; es scheint fast so, als habe er seine kunstvolle Sprache, seine Kunst-Sprache geschaffen, um sich möglichst stark vom Sprechen seiner Heimat zu entfernen, um seine Andersartigkeit zu dokumentieren: er spricht anders als die Meßkircher, und er spricht anders als die anderen Philosophen. Was ihn von diesen trennt, ist nicht die Sprache von Meßkirch. Die ist von ihm so weit entfernt wie von den anderen Philosophen. Dafür unterscheidet sie sich wohl kaum von der Sprache der anderen Kleinstädter der damaligen Zeit in Südwestdeutschland, ist sie doch Ausdruck einer kollektiven Lebenserfahrung in einer noch weitgehend vor-industriellen Gesellschaft.

Die witzige, bisweilen grobe Sprache von Meßkirch ist nicht die Sprache von Martin, es ist eher die Sprache von Fritz Heidegger. Er hat aus diesem reichen Schatz der Vergangenheit geschöpft. Und manches, das man bei Welte liest, könnte in einer seiner Fasnetsreden stehen. Etwa der Spruch der armen Magd: «Spare muß man, hause muß man, Kinder kriegt man. Und mit der Zeit auch noch einen Mann.» Sie muß also sparen und haushalten, sie kriegt auch schon Kinder, obwohl sie nicht verheiratet ist, aber letztendlich kriegt sie auch einen Ehemann. Das ist zu hoffen: «Wer warten kann, kriegt auch einen Mann. Wer auf Gott vertraut, wird auch eine Braut.» Erst durch den Mann wurde die Frau zum vollen Mitglied der Gesellschaft, alte Jungfern wurden verspottet. Und wenn sie gar einen Angestellten bekam, also keinen Bauern oder Handwerker, dünkte sie sich etwas Besseres: «Die hat einen Angestellten kriegt, jetzt meint sie, sie hat Öl am Stecken und Schmalz am Hut.»

Auf Lina Gröber, die Base der Maria Gröber, hielt Fritz Heidegger eine Lobrede – in der Fasnacht von 1934, in der er als Graf von Zimmern auftrat. Er gab sie dort als eine Nachfahrin aus: «Meine Urenkelin, Du bist der Stolz unseres Geschlechtes. Halb Aphrodite, halb Madonna, und obendrein wie Pallas Athene durchwandelst Du die Straßen von Meßkirch als letzter Zeuge vergangener Pracht und Du wirst durchschreiten die Jahrhunderte als glorreicher Abschluß des Geschlechtes derer von Zimmern. Du bist das Perpetuum Mobile von Meßkirch, Du siehst und hörst und weißt alles, bist allgegenwärtig und doch unfaßbar. Du lachst mit den Fröhlichen und weinst mit den Trauernden und weinst so leicht und flüssig, daß Du nur auf Deinen Tränensack zu drücken brauchst, der aussieht wie ein alter Meßkircher Brückenkopf aus dem deutschen Bauernkrieg.» Hier wird Lina Gröber schon zur Allegorie des alten Meßkirch.

Wie ihr Vetter, der Erzbischof, sagte auch sie gerne von sich: «Ich heiße nicht Grob, sondern Gröber.» Und dies mag auch auf Fritz Heidegger zutreffen, dessen Scherze recht grob sein konnten. Wenn er schlecht gelaunt war, ließ er dies die anderen durchaus spüren. Bekannt ist sein seltsamer Auftritt im Wirtshaus, den viele erlebt haben. Es kam vor, daß er grußlos zur Tür hereinstürmte, keinen eines Blickes würdigte und sich an seinen Stammplatz setzte. Seinen Mantel ließ er zuvor mitten in den Raum fallen, seinen Stock warf er hinterher und die Baskenmütze, die er verwegen auf dem Kopf trug, schleuderte er ins Eck. Die Wirtin bemühte sich dann, ihren Gast auf sein unpassendes Benehmen hinzuweisen. Meist reagierte er mit einem mitleidigen Blick, manchmal aber würdigte er sie auch einer Antwort: «Kannsch jo selber ufhebe.»

Sein Brauch, im Weinglas, das er im Wirtshaus öfter leerte, einen kleinen Rest übrig zu lassen, um ihn den armen Seelen der Verstorbenen zu widmen, war gefürchtet. Denn er schüttete diesen Rest in hohem Bogen über die Schulter. Wen es traf, der hatte

Pech gehabt. Erboste Gäste wies er zurecht: «Die arme Seele soll au was habe.»

Alfred Heim berichtet, daß seine deftigen Fasnachtsreden ihm zweimal Beleidigungsklagen eintrugen. Nach der Fastnacht wurde er dann vor den Amtsrichter zitiert, weil eine Klage anhängig war.

Alfred Heim:

So auch in dem Fall, als er bei einer Fastnachstrede seinen Narrenratskollegen Hans Häusler, den Besitzer einer Dampfwäscherei, als «Dampf-Hannes» und als «Lumpendunker» bezeichnete. Wenn er meinte, ein Narrenratskollege nehme das nicht übel, dann sah sich der Fritz getäuscht. Hans Häusler kündigte sofort die Geschäftsbeziehungen mit der Volksbank, bei der Fritz Heidegger Vorstandsmitglied war, klagte vor Gericht wegen Beleidigung und sprach mit dem Fritz zeitlebens kein Wort mehr. Ironie der Geschichte: die Grabstätte Hans Häuslers befindet sich direkt neben dem Grab Fritz Heideggers, die so wenigstens nach dem Tod wieder vereint waren.

Während des Jahres pflegte der Fritz zu sagen: «Die Scheiß-Fasnet kotzt mi a». Doch wenn erstmal wieder der Narrenmarsch erklang, dann juckte es ihm in allen Gliedern und er war dann doch wieder dabei.

Respekt hatte der Fritz eigentlich vor niemanden. So bezeichnete er eine Wirtin, die aus dem benachbarten hohenzollerischen Sigmaringen stammte, als «hohenzollerische Landeskuh» und sprach sie bei seinen Wirtshausbesuchen auch so an, was diese aber nicht bekümmerte. Einmal tat er das jedoch in Gegenwart des Prinzen Franz von Hohenzollern-Sigmaringen, der sich darüber sehr ärgerte und mir den Vorfall mit folgenden Worten schilderte: «Da sagte doch der Philosophenbruder zur Hofgarten-Wirtin hohenzollerische Landeskuh, und das noch in meinem Beisein als einem Vertreter des Fürstenhauses.»

Respekt hatte der Fritz auch vor seinem berühmten Bruder nicht, den er bei dessen gelegentlichen Besuchen in der Heimat immer mit in seine Stammkneipe nahm. So auch kurz nach dem 80. Geburtstag von Martin Heidegger. Ein am Stammtisch sitzender honoriger Bürger sprach den Philosophen an: «Herr Profes-

sor, wir haben Sie im Fernsehen gesehen und auch ihre Rede gehört, von der wir sehr beeindruckt waren.» Da sagte der Fritz:
«Ach was, Ihr müßt dem Kerl nit alles glaube, der ist alt und
hinterstellig.» Martin nahm es gelassen, lächelte vergnügt und ließ
seine wachen Äuglein rundum blitzen, ohne auf den Spaß seines
Bruders zu reagieren.

Soweit Alfred Heim.

16. Der Philosoph

Martin Heidegger war zweifellos der bedeutendste philosophische Denker, den Deutschland damals hatte. Vielleicht
kann man sagen, der bedeutendste philosophische Denker dieses
Jahrhunderts.» So Hans Jonas, einer der Schüler Martin Heideggers, im Jahre 1987.

Jonas, 1903 in Mönchengladbach geboren, studierte bei Heidegger in Freiburg und Marburg. 1928 promovierte ihn Heidegger mit einer Arbeit über die Gnosis in der Spätantike. 1933
mußte Hans Jonas als Jude emigrieren. Er lehrte in Jerusalem und
Toronto, von 1955 an in New York, wo er sich mit Hannah
Arendt, einer anderen wichtigen Schülerin Heideggers, befreundete. «Das Prinzip Verantwortung» ist sein Hauptwerk; es ist ein
Gegenentwurf zu Ernst Blochs «Das Prinzip Hoffnung». Im
Gegensatz zu Bloch, der Hoffnung auf ein kommunistisches mes-
sianisches Zeitalter macht, sieht Jonas die Verantwortung des Einzelnen und des Staates für das Hier und Jetzt. 1987 erhielt Jonas
den Friedenspreis des Deutschen Buchhandels in Frankfurt am
Main, und bei dieser Gelegenheit befragte ihn Andreas Isen-
schmid nach Martin Heidegger.

In einfachen Worten erläuterte daraufhin Jonas die schwierige
Philosophie Heideggers, die nicht zuletzt deshalb so schwer verständlich ist, weil Heidegger sich eine eigene, eigenwillige philosophische Terminologie formte, die vor Tautologien und Neologis-
men nicht haltmachte. Gerade dies aber schreckte den jungen

Philosophie-Studenten Jonas nicht ab, Heidegger zog ihn an wie andere auch: «Zunächst einmal wegen seiner viel schwierigeren Verständlichkeit, was eine eigentümliche auf einen jungen und philosophiebeflissenen Menschen, einen, der nämlich noch im Lehrlingsstadium ist, eine ganz eigentümliche Anziehungskraft hatte, nämlich die damit einhergehende völlig bezwingende Vermutung, daß da etwas dahinter steckte, das zu verstehen sich lohnte, daß hier etwas vorgeht, daß hier an etwas Neuem gearbeitet wird.»

Die neue Sprache versprach eine neue Sichtweise auf die alten Themen. Vielleicht keine neue Antworten auf die alten Fragen «Was ist der Mensch? Was ist die Welt?», aber doch eine gründlichere Fragestellung, die bisherige Büchergelehrsamkeit beiseiteschob, nach dem Motto: zurück zu den Ursprüngen.

Jonas stellt Heideggers Ansatz gegen den Edmund Husserls, der ein Lehrer Heideggers war: «Husserl sprach von Analyse des Bewußtseins. Heidegger sprach von Weisen des Daseins. Bewußtsein hier, Dasein dort, das war mehr als eine terminologische Unterscheidung. Für Husserl war es das reine Bewußtsein, in dem sich die Welt aufbaut, im wesentlichen in sogenannten noetischen Akten, d. h. Akten des Erkennens, des Wissens, angefangen mit der Perzeption, also der Sinneswahrnehmung: wie Gegenständlichkeit aufgebaut wird im Bewußtsein, und dann aufsteigend bis zu den geistig abstrakten Formen, in denen die Welt im Bewußtsein organisiert wird. Dieses reine Bewußtsein stand gewissermaßen völlig unabhängig und abstrakt der Welt gegenüber. Die Welt war sein Produkt, ein Produkt des Bewußtseins. Sehr merkwürdig, das zu sagen. So als ob es den Leib, die Verflochtenheit in die Welt nicht gebe. So als ob hier das reine Ich sich seine Gegenstandswelt selbst erbaute.»

Husserl war insofern ein letzter Erbe des deutschen Idealismus, meint Jonas. Dagegen Heidegger: «Heidegger sprach vom Dasein und nicht von dem Dasein, das in Wissensakten sich die Welt vorstellt, sondern vom Dasein, dessen Seinsweise Sorge ist, dem es um etwas geht. Und er definiert Dasein als dasjenige Sein, dem es in seinem Sein um dieses Sein geht.» Bei Husserl also das reine

Ich, das ein intellektuelles Ich war, bei Heidegger das «geplagte Ich», wie Jonas sagt: «Das Dasein Heideggers war in ganz anderer Weise empfunden: als in die Welt sorgend verflochten. Es geht ihm um etwas, das heißt: es ist. Ja, es ist eigentlich wesentlich unterwegs. Um es ganz unphilosophisch zu sagen – Heidegger hat diesen Ausdruck nicht gebraucht – es ist ein geplagtes Ich und nicht ein souverän der Welt gegenüber gestelltes Ich.»

Das von Sorgen bedrängte Dasein, war das nicht auch eine Reminiszenz an das bescheidene Leben in Meßkirch? Aber die Kritik am Alltag, an der Art, wie die Menschen in einem gewissermaßen bewußtlosen Trott dahinleben – sie leben nicht, sie werden gelebt –, das könnte wiederum eine Distanz vom Leben der kleinen Leute in Meßkirch sein. In seinem Werk «Sein und Zeit» von 1927 unterschied Heidegger zwischen der Eigentlichkeit und der Uneigentlichkeit der Existenz.

Hans Jonas dazu: «Es ist die Rede davon, daß das Dasein sich in verschiedenen Modi, in verschiedenen Weisen des Seins vollziehen kann, von denen eine die vorherrschende der Alltäglichkeit ist. Das Dasein ist be- und verfangen ins Man, das ist das nichtpersonale, das nivellierte, das anonyme Sein der Gesellschaft, in der es nicht heißen kann, ich meine das und das, ich will das, sondern: man sagt, man denkt, man verfährt oder verhält sich so. Das heißt, das Dasein wird dabei von etwas gelebt, nicht vom eigentlichen Selbst, sondern eben von dieser anonymen Welt der Gesellschaft.»

Dieser Herrschaft des «Man», in der jeder Einzelne sich einfügt in das, was man von ihm erwartet, stellt Heidegger die Entschlossenheit des Einzelnen entgegen, der sich auf sich selbst besinnt. Jonas: «Die eigentliche Existenz – im Unterschied zu diesem nivellierten In-der-Welt-Sein, diesem vom Man gelebten Dasein – wird gewonnen durch eine Art von Selbstbesinnung, die insbesondere durch den sogenannten Vorlauf zum Tode in Gang kommt.» Das wird nicht nur, wie Jonas meint, durch die Erfahrung des massenhaften Sterbens im Ersten Weltkrieges begründet sein, sondern auch durch den Gedanken an den Tod, wie er immer gegenwärtig ist im barocken Katholizismus, in dem Martin

Heidegger aufwuchs. Zudem ist er als Junge dem Tod selbst begegnet, als er einmal als Meßdiener den Priester begleitete, der einem Sterbenden die letzte Ölung, das Sterbesakrament, brachte; Fritz berichtet über diese Verseh-Gänge.

Noch einmal Jonas: «Nicht notwendig dadurch allein, aber doch war bei Heidegger … das Verhältnis zum eigenen Tode, das Verhältnis zur eigenen Endlichkeit einer der Antriebe, die das Dasein auf sich selbst zurückwirft, so daß es sich aus der Herrschaft des Man befreien kann: zu seiner Eigentlichkeit. Das Merkmal dieser Eigentlichkeit ist die Entschlossenheit: der Einzelne muß sich zu etwas für sich selbst entschließen. Die Entschlossenheit als solche, nicht wofür man sich entschließt und wogegen, sondern daß man sich entschließt wird zur eigentlichen Signatur des Daseins.»

In dieser leeren Entschlossenheit liegt nicht nur eine erfreuliche Offenheit, die jeder auf seine Weise zu füllen vermag, es liegt darin auch eine Gefahr: alles, wozu man sich entschlossen genug entschließt, ist dann gewissermaßen gut und richtig. Es gibt aber auch falsche Entschlüsse, die nicht durch den Grad der Entschlossenheit, sondern durch das Ziel markiert sind. Martin Heidegger ging es aber um diese Offenheit. Er wollte keineswegs die alten Antworten geben, weder die der Kirche, die dem vom Tode Bedrohten ein jenseitiges Leben zeigt, noch die der herkömmlichen Philosophie, die unterschiedliche Orientierungen anbietet. Er wollte zu den Grundfragen zurück, daher seine «aufbauende Zerstörung» der Welt, wie es sich mit einem Wort Franz Kafkas bezeichnen ließe, der auf ganz andere Weise an dieser «aufbauenden Zerstörung» arbeitete.

Wenn die bisherige Geschichte der Philosophie ein Abfall von den Ursprüngen war, dann mußte diese Philosophie abgebaut werden, damit die Ursprünge wieder in den Blick kamen. Diese Ursprünge sah er am frühesten Anfang des Philosophierens in Europa: bei den Vorsokratikern, deren Werk nur in wenigen Fragmenten dunkel genug überliefert ist.

«Die Intensität, mit der er die Griechen studierte und uns erschloß – Aristoteles insbesondere, aber auch die Vorsokratiker,

Platon, Augustinus, – dieser Rückgang auf das, was er die Ursprünge des Denkens nannte, verband sich bei ihm mit einer sehr negativen Einschätzung dessen, wohin das abendländische Denken im Verfolg dieser ursprünglichen Antriebe schließlich gelangt war.»

17. Die katholischen Dozenten

Am 30. Mai 1928 schrieb Martin Heidegger an Mathäus Lang, den Rektor des Konstanzer Konradihauses, dessen Zögling er einst war; Lang hatte ihm zum Ruf auf die Professur Edmund Husserls nach Freiburg gratuliert:

«Ich denke gern und dankbar an die Anfänge meines Studiums im Konradihaus zurück und spüre immer deutlicher, wie stark alle meine Versuche mit dem heimatlichen Boden verwachsen sind. Es ist mir noch deutlich in Erinnerung, wie ich zu Ihnen als damaligem neuem Präfekten ein Vertrauen faßte, das geblieben ist und mir den Aufenthalt im Haus zur Freude machte.» Hier hat Martin Heidegger offensichtlich andere Erfahrungen gemacht als sein Bruder Fritz, für den die Zeit im Konradihaus ein Alptraum war; dort begann sein Stottern, das er zeitlebens nicht mehr ganz los wurde.

Martin fährt in seinem Brief an Mathäus Lang fort: «Jetzt wird eher mal die Gelegenheit kommen, Sie zu besuchen und in die Umgebung zurückzublicken, in der ich als kleiner Untertertianer anfing. Von da bis zu ‹Sein und Zeit› scheint ein weiter und verschlungener Weg. Und doch schrumpft alles auf ein Geringes zusammen, wenn ich das Erreichte mit dem Gesollten vergleiche. Vielleicht zeigt die Philosophie am eindringlichsten und nachhaltigsten, wie anfängerhaft der Mensch ist. Philosophieren heißt am Ende nichts anderes als Anfänger sein. Aber wenn wir bei unserem Knirpstum zu uns selbst die innere Treue bewahren und aus ihr heraus zu wirken suchen, dann muß auch das Wenige zum Guten sein.»

Die Bescheidenheit ist eindrucksvoll – «Philosophieren heißt Anfänger sein» – und die Selbstironie auch: «unser Knirpstum». Der Philosoph als Knirps? Das hebt sich wohltuend ab von der großen Geste, die er sonst gerne pflegte. Der Weg vom katholischen Konradihaus zum philosophischen Werk «Sein und Zeit», das ihn berühmt machte, scheint nicht nur kurz, glaubt man dem Brief, er ist noch immer zu begehen.

Anderes steht in den Briefen, die Martin Heidegger zur selben Zeit an den befreundeten Philosophen Karl Jaspers schreibt, der kein Anhänger der katholischen Kirche ist. Bei ihm beklagt er sich nach seiner Rückkehr aus Marburg, daß die Universität Freiburg «unglaublich schwärzer geworden» sei, also katholischer. Er meint damit sicher die «Berufskatholiken»; daß ihm auch in dieser Zeit die spirituelle Tradition der katholischen Kirche nahe geblieben ist, zeigen seine Besuche in Kloster Beuron Ende der zwanziger Jahre. Im Brief vom 10. November 1928 meinte er wiederum, Spione säßen in seiner Vorlesung, er habe einen «verlorenen Vorposten» bezogen: «die Katholiken haben ‹unglückliche› Fortschritte gemacht – überall sitzen auch schon junge katholische Privatdozenten.»

Er fühlt sich von den Katholiken beobachtet und bedrängt, sicherlich auch Frucht früher Erfahrungen, doch ist er mutiger geworden; er schreibt, «daß ich mich in meinem Philosophieren nicht mehr verstecke». Das hat er also früher für nötig gehalten. Den Druck der katholischen Kirche mag er als schlimmer empfunden haben als er war. Doch wird die Empfindung echt gewesen sein, eben aufgrund seiner Erfahrungen, auch der im Konradihaus, und aufgrund eines gewissen Schuldgefühls, das ihn bedrückt haben mag, weil er die kirchliche Laufbahn nicht eingehalten hatte.

Wichtiger noch: seine Philosophie, Philosophie überhaupt konnte, seiner Meinung nach, keine katholische sein, keine durch eine kirchliche Lehrmeinung gebundene. Sie mußte gänzlich frei sein. Damit wendet er sich gegen den damals in der katholischen Theologie als verbindlich geltenden Thomismus, also die Lehre des Heiligen Thomas von Aquin. Als er späterhin die Möglichkeit hatte, auf die Anstellung junger katholischer Gelehrter einzuwirken, ihre Promotion oder gar Habilitation zu behindern oder zu befördern, hat er diesen Vorbehalt immer mal wieder in seinen Gutachten zum Ausdruck gebracht.

So schreibt er in seinem Zweitgutachten zur Doktorarbeit, die der Jesuit Johannes Lotz bei Heideggers Kollegen, dem katholischen Philosophen Martin Honecker geschrieben hatte: «Innerhalb des vorgegebenen Rahmens, der das Ergebnis im voraus entscheidet, ist die Arbeit eine ausgezeichnete Leistung einer jeweils dem Zeitalter sich anmessenden Scholastik.» Der Rahmen ist vorgegeben, das Ergebnis dadurch festgelegt: es ist ein Versuch zeitgemäßer Leistung der alten Scholastik, also nichts Neues, mag auch die Leistung vorzüglich sein. «Die eigentlichen ‹systematischen› Wurzeln … könnten erst ans Licht gebracht werden, wenn hinter den Bestand der scholastischen Lehre zurückgegangen … würde.» Es ist nicht ohne Ironie, daß Johannes Lotz Jahre später, 1959, in einem Beitrag zur Festschrift zum 70. Geburtstag des Philosophen deutlich machte, daß der Meister der Scholastik, also Thomas von Aquin, sehr wohl das «Sein» selbst schon erfaßt habe – gewissermaßen im Heideggerschen Sinne. «Das Sein selbst und das substituierende Sein nach Thomas von Aquin» heißt der Aufsatz von Lotz, den der geehrte Martin Heidegger gern entgegennahm.

1937 konnte Honecker allerdings nur mit Mühe zwei seiner Schüler Gustav Siewerth und Max Müller habilitieren, eine Dozentur erhielten sie nicht. Heidegger war wiederum als Zweitgutachter zuständig. Siewerths Schrift könne man nicht vorwerfen, schrieb er, «daß sie voraussetzungslose Wissenschaft treibe; nur sind eben die Voraussetzungen eigener Art. Ihre wissenschaftliche Vertretung ist durch das Konkordat sichergestellt.» Nur durch das Konkordat mit der katholischen Kirche, sonst hätte Siewerth wohl kein Recht auf eine Dozentur. Er erhielt sie trotz Konkordat nicht, denn Heidegger schrieb auch ein «politisches» Gutachten an den nationalsozialistischen Dozentenführer, wie Hugo Ott berichtet.

Ebenso erging es Max Müller. Wiederum stellte Heidegger fest, daß Müller, wiewohl er im Vorwort seiner Schrift behauptete, kein Thomist zu sein, doch Thomist sei: «… sofern er die entscheidenden theologischen Fragestellungen, die hinter der ‹Philosophie› stehen, im vorhinein festhält, nicht nur nicht in Frage stellt, sondern sie, in heutige Denkweise einkleidet, zum Vortrag bringt.» Auch Müller erhielt deshalb das einschränkende Urteil: «für eine katholische Professur in einem hervorragenden Maße geeignet.» Und nur für eine solche. Wiederum erging ein «politisches» Gutachten an den NS-Dozentenbund, in dem Heidegger festhielt, daß Müller den Nationalsozialismus ablehne. Er erhielt keine Dozentur.

Merkwürdig, daß Martin Heidegger immer nur die dogmatische Festlegung an anderen, vor allem an Katholiken erkennt, nicht aber seine eigene Festlegung reflektiert. Schließlich geht auch er von feststehenden Voraussetzungen aus, die das Ergebnis seines Philosophierens bestimmen, freilich sind das seine eigenen Voraussetzungen, die er allerdings für die allgemein verbindlichen hält.

Max Müller war übrigens der einzige aus dem Freiburger Philosophischen Institut, der nach 1934 im Auftrag Honeckers noch Kontakt zu Heideggers Lehrer Edmund Husserl hielt. Er besuchte ihn regelmäßig bis zu dessen Tode im Frühjahr 1938. Husserl, der Heidegger als einzigen Nachfolger für seinen Lehrstuhl vorgeschlagen und durchgesetzt hatte, lebte als Jude verfemt und zurückgezogen in Freiburg. Im Vorlesungsverzeichnis, das auch die emeritierten Professoren führt, war er 1936 gestrichen worden. In der Neuauflage von Heideggers «Sein und Zeit», die Anfang der vierziger Jahre erschien, fehlte sein Name auf dem Vorsatzblatt; Heidegger hatte ihm die Arbeit einst gewidmet. Nun konnte sie nur erscheinen, wenn die Widmung getilgt wurde; der Verlag beugte sich dem Diktat der Behörden, die Würdigung auf Seite 38 blieb erhalten.

Die Beziehung zwischen Husserl und Heidegger war schon kurz nach der Berufung Heideggers 1928 erkaltet. Husserl schreibt darüber in einem Brief an Alexander Pfänder vom 6. Januar 1931: «Unser Verkehr nach Antritt seiner Stelle dauerte etwa zwei Monate lang, dann war er, in aller Friedlichkeit, vorbei. Er entzog sich eben auf einfachste Weise jeder Möglichkeit wissenschaftlicher

Aussprache, offenbar für ihn eine unnötige, unerwünschte, unbehagliche Sache.» Und im Brief vom 4. Mai 1933: «Bei anderen habe ich die trübsten persönlichen Erfahrungen machen müssen – zuletzt und am schwersten mich treffend an Heidegger: am schwersten, weil ich nicht nur auf seine Begabung, sondern auf seinen Charakter ein (mir selbst nicht mehr recht verständliches) Vertrauen gesetzt hatte.»

Heideggers Urteil über die Philosophie seines Lehrers war nicht sehr freundlich. Schon am 14. Juli 1923 schrieb er an Karl Jaspers, die «Götzendienerei» müsse «ausgerottet werden», «die verschiedenen Medizinmänner der heutigen Philosophie müssen ihr furchtbares und jämmerliches Handwerk aufgedeckt bekommen.» Damals gehörte er noch nicht zu diesen Medizinmännern. Er fährt fort: «Husserl ist gänzlich aus dem Leim gegangen – wenn er überhaupt je ‹drin› war – was mir in letzter Zeit immer fraglicher geworden ist – er pendelt hin und her und sagt Trivialitäten, daß es einen erbarmen möchte. Er lebt von der Mission des ‹Begründers der Phänomenologie›. Kein Mensch weiß, was das ist …» Und am 26. Dezember 1926 schreibt er an Jaspers über «Sein und Zeit», das er Husserl widmete: «Wenn die Abhandlung gegen jemanden geschrieben ist, dann gegen Husserl, der das auch sofort sah, aber sich von Anfang an zum Positiven hielt.»

Husserls Urteil wiederum über die Philosophie seines Schülers war ebenfalls nicht sehr freundlich. In dem erwähnten Brief an Alexander Pfänder vom 6. Januar 1931 schrieb er: «Ich kam zum betrüblichen Ergebnis, daß ich philosophisch mit diesem Heideggerschen Tiefsinn nichts zu schaffen habe, mit dieser genialen Unwissenschaftlichkeit, daß Heideggers offene und verdeckte Kritik auf grobem Mißverständnis beruhe, daß er in der Ausbildung einer Systemphilosophie begriffen sei von jener Art, die für immer unmöglich zu machen ich zu meiner Lebensaufgabe stets gerechnet habe.»

Die Erniedrigungen nach 1933 empfand Edmund Husserl schmerzlich. Er war von nationaler Gesinnung, hatte einen Sohn im Ersten Weltkrieg verloren und verstand die Welt nicht mehr, die aus den Fugen geraten war. Der berühmte Philosoph wurde zur Unperson, die fast alle mieden. Ausgerechnet eine katholische Schülerin kümmerte sich in dieser schweren Zeit um ihn, der sich einst spöttisch darüber geäußert hatte, daß seine Schüler zur Religion zurückkehrten, was ihm ganz unverständlich sei: Katholiken würden Protestanten und Protestanten würden Katholiken. Es war eine Nonne, Adelgunde Jaegerschmid, die bei ihm promoviert hatte und nun Benediktinerin im Kloster St. Lioba in Freiburg-Günterstal war: sie betreute ihn und nach seinem Tod seine Witwe. Sie half, Malvine Husserl vor den Nazis zu retten.

Im Oktober 1941 starb der katholische Philosoph Martin Honecker. Es gab Gelegenheit, die «weltanschaulich gebundene» Professur in eine «voraussetzungslose» zu verändern, auch wenn das dem Konkordat widersprach. Das geschah auch. Der Lehrstuhl wurde 1942 nicht mehr mit einem Philosophen, sondern mit dem Psychologen Robert Heiß besetzt, der sich als guter Kollege des Philosophen Martin Heidegger erwies.

Einen Schüler Honeckers gab es aber noch am Institut; er hatte eine einflußlose Stelle als Seminarwart inne: Dr. Heinz Bollinger. Bollinger war ein guter Freund von Willi Graf, der zum Widerstandskreis der «Weißen Rose» um die Geschwister Scholl in München gehörte. Bollinger und Graf hatten sich im katholischen Jugendbund «Neudeutschland» in Saarbrücken kennengelernt. Graf war mehrere Male bei Bollinger in Freiburg zu Besuch; Bollinger unterstützte ihn. Willi Bollinger, der Bruder von Heinz, stellte in Saarbrücken falsche Urlaubs- und Fahrscheine für die Verschwörer her.

Mentoren der «Weißen Rose» waren Carl Muth, der die katholische Monatsschrift «Hochland» herausgegeben hatte, bis sie 1941 von den Nationalsozialisten verboten worden war, und einer der wichtigsten Autoren dieses «Hochland», der Philosoph Theodor Haecker. Martin Heidegger hatte Theodor Haecker 1935 in seiner Vorlesung «Einführung in die Metaphysik» angegriffen, ohne seinen Namen zu nennen; er nannte aber den Titel des erfolgreichen Buches, das zuerst 1933 erschienen war und 1935 schon in 3. Auflage: «Was ist der Mensch?» Haecker beruft sich darin auf Genesis 1,26, also auf das (jüdische) Alte Testament, wonach Gott den Menschen nach seinem Ebenbilde schuf; das war 1933 ein mutiger Hinweis. Heidegger hält in seiner Vorlesung der Genesis sein «altes Testament» entgegen: die Vorsokratiker; er geht von seiner Auslegung des Parmenides aus.

Am 18. Februar 1943 wurden Sophie und Hans Scholl in der Münchener Universität festgenommen, als sie Flugblätter verteilten. Am Abend wurde auch Willi Graf verhaftet. Am 22. Februar wurden Sophie Scholl, Hans Scholl und Christoph Probst zum Tode verurteilt und hingerichtet. Am 24. Februar wurde Alexander Schmorell, ein Freund der Geschwister Scholl, festgenommen und am 27. Februar Professor Kurt Huber, der das sechste und letzte Flugblatt der Gruppe entworfen hatte; er war relativ spät zur Gruppe gestoßen.

Heinz Bollinger wurde am 5. März 1943 in Freiburg verhaftet, nicht aber sein Bruder Willi in Saarbrücken. Hugo Ott nimmt an, daß die Gestapo durch eine Denunziation auf ihn aufmerksam wurde, die aus dem Philosophischen Seminar II kam, also aus dem von Heiß geleiteten. Am 19. April fand vor dem Volksgerichtshof in München ein Prozeß statt, in dem Graf, Schmorell und Huber zum Tode verurteilt wurden, zehn hohe Haftstrafen wurden ausgesprochen. Heinz Bollinger erhielt sieben Jahre Zuchthaus.

18. Der jüdische Professor

Jonas Cohn wurde 1869 als erstes von sechs Kindern einer wohlhabenden jüdischen Familie in Görlitz geboren. Sein Vater war Weinhändler, wiewohl er Jurisprudenz studiert hatte. Doch da keine Richterstelle für einen Juden zu erhoffen war, wandte er sich dem Handel zu.

Jonas Cohn studierte Naturwissenschaften in Leipzig und promovierte 1892 über ein Thema aus der Botanik. Im selben Jahr trat er der «Gesellschaft für ethische Kultur» bei, die eine «religionsfreie» Sittlichkeit begründen wollte. In Heidelberg, wo er seine Studien fortsetzte, löste er sich vom Judentum. Er könne nicht Jude sein, schrieb er an die Mutter, und er könne nicht Christ sein. Später in Freiburg trat er dann doch zur katholischen Kirche über. Als Philosoph orientierte er sich an Immanuel Kant und schloß sich der damals starken Schule der Neu-Kantianer an. In der Philosophie erhoffte er sich eine zusammenfassende Schau der in einzelne Disziplinen zerfallenen Wissenschaft.

«Das Ganze als Sinnganzes zu deuten – die oberste Idee der Wertwissenschaft –, ist wissenschaftlich nicht möglich. An dieser und erst an dieser Stelle hört wissenschaftliche Philosophie auf und beginnt der Glaube, der als solcher religiös ist.» Kann die Philosophie auch nicht das «Ganze als Sinnganzes» bieten, so kann sie doch es zum Gegenstand des Denkens machen. «Es ist unser Schicksal, daß wir allgemein verstandene Symbole, vorbildliche Gestalten, verbindliche Religionen entbehren … Aber es ist unsere Schuld, daß wir nun das, was sonst in diesen Symbolen, Gestalten, Dogmen zum Bewußtsein kam, nicht mehr … zum Gegenstand des Denkens, zur persönlichen Angelegenheit des Geistes machen.»

1901 veröffentlichte Jonas Cohn eine «Allgemeine Ästhetik» im Anschluß an Kants «Kritik der Urteilskraft». Er erhielt eine außerordentliche Professur für Philosophie an der Universität Freiburg, wo er sich habilitiert hatte. Seine Konzentration auf «wertbestimmtes» Handeln führte ihn immer mehr zu pädagogischen Überlegungen. 1919 veröffentlichte er sein pädagogisches Hauptwerk «Geist der Erziehung. Pädagogik auf philosophischer Grundlage». Im selben Jahr wurde seine Professur in eine für Philosophie und Pädagogik umgewandelt, «außerordentlich» blieb sie. Eine «ordentliche» erhielt er nicht.

Als sein Freund, der Psychologe William Stern, nach Hamburg berufen wurde, hoffte er, er könne ihm folgen und ebenfalls eine Professur in Hamburg erhalten. Stern antwortete ihm aus Hamburg, es gebe in der philosophischen Fakultät schon zwei Juden, ihn und Cassirer, mehr würden wohl nicht akzeptiert werden. 1928, reichlich spät, schlug Husserl der Freiburger Fakultät vor, Cohn zum «persönlichen Ordinarius» zu ernennen. Dazu Cohn in seinen Aufzeichnungen: «Husserls Antrag, mich zum persönlichen Ordinarius zu ernennen, wurde unter der windigen Begründung, daß man Heidegger, der zu Husserls Nachfolger berufen wurde, nicht binden wolle, zurückgestellt.» Dabei blieb es auch.

Nach dem sogenannten Juden-Boykott vom 1. April 1933 erhielt Jonas Cohn wie die anderen jüdischen Hochschullehrer in Freiburg die Mitteilung, er sei beurlaubt. Dies teilte ihm der Dekan mit, der ihn besuchte, wie Jonas Cohn in seinen Aufzeichnungen festhält: «Ich suchte deshalb am 18. April den damaligen Rektor von Möllendorf auf und richtete mich auf rein wissenschaftliche Arbeit ein.»

Merkwürdigerweise wurde die Beurlaubung mit einem Brief des Karlsruher Ministeriums vom 28. April 1933 aufgehoben. Cohn war überrascht. Hatte sich jemand für ihn eingesetzt? Vielleicht der neue Rektor, sein Kollege Martin Heidegger? Zu Heidegger hatte Cohn bis dahin nur gelegentlichen Kontakt. Die wenigen Briefe Heideggers, die sich in Cohns Nachlaß finden, sind höflich und förmlich: Glückwünsche, Mitteilungen zu Fakultätsangelegenheiten. Hans L. Gottschalk, der einzige Sohn von Jonas Cohn, der nach dem Zweiten Weltkrieg Professor für Islamwissenschaft an der Universität Wien war, erinnert sich, daß Heidegger mit seiner Frau auch im Haus der Eltern in Freiburg-Günterstal zu Besuch war: «Als Rektor verhielt sich Heidegger dann völlig korrekt, forderte z. B. meinen Vater auf, weiterhin zu lesen, als mein Vater ihm nach dem 1. April anbot, die Vorlesungen einzustellen, da er keine Schwierigkeiten haben, noch mit dem Hitlergruß grüßen wolle. Ferner hat Heidegger versucht, vermeidbare antisemitische Ausschreitungen der Studenten zu verhindern.»

Das Schreiben des Karlsruher Ministeriums an Jonas Cohn vom 28. April enthielt einen Absatz des Rektorats am Schluß der Seite: «An Herrn Professor Dr. Jonas Cohn zur Kenntnis. Wir bitten, die anliegende Eröffnungsbescheinigung nach Vollzug umgehend hierher zurückzureichen. Heidegger.» Cohn begann am 5. Mai seine Lehrveranstaltungen. «Ich las vor kleiner, aber aufmerksamer Hörerschaft ohne jede Störung», schreibt er in seinen Aufzeichnungen. Das Glück währte nicht lange.

Am Ende des Sommersemesters, am 15. Juli 1933, schrieb der Rektor der Albert Ludwigs-Universität an Jonas Cohn, der Minister des Kultus, des Unterrichts und der Justiz habe folgendes verfügt. Nun kommen die Aufzählungen der Paragraphen des «Gesetzes zur Wiederherstellung des Berufsbeamtentums», das keinen anderen Zweck hatte, als die Juden aus dem öffentlichen Dienst zu entfernen. Dieses Gesetz treffe auf Prof. Cohn zu, dem «Genannten» solle deshalb «Gelegenheit zur Äusserung binnen drei Tagen gegeben werden». Diesem Auszug aus der Verfügung des Ministeriums folgte ein förmlicher Satz des Rektors: «Ich gebe Ihnen hiervon Kenntnis mit der Bitte, eventuelle Äusserungen bis spätestens 20. Juli 1933 10 Uhr vormittags hierher vorlegen zu wollen. Heidegger.»

Ob Äußerungen oder nicht und gleichgültig welche, Jonas Cohn wurde in den Ruhestand versetzt. Dies teilte ihm am 24. August 1933 der zuständige Minister aus Karlsruhe mit; diesmal enthält das Schreiben keinen Zusatz des Rektors. Cohn in seinen Aufzeichnungen: «Am 25. August erhielt ich die Mitteilung, daß ich auf 1. Dezember zur Ruhe gesetzt sei – ohne ein Wort des Dankes – aber, wie ich im Dezember erfuhr, mit angemessener Pension. Die Schüler, die bei mir ihre Arbeiten begonnen hatten, empfahl ich an Martin Honecker weiter. Von dem pekuniären Verlust abgesehen (der mir meiner Kinder und Enkel wegen nicht gleichgültig sein darf) begrüsse ich es, daß ich an einer Universität, die so ganz verschieden ist von der, der ich über 30 Jahre gedient habe, nicht mehr zu lehren brauche. Ich sage das ohne Hass. Vielleicht ist es notwendig, vielleicht in seiner Weise gut. Daß die Universität am Spezialistentum erkrankt, mit ihren Verpflichtungen zur Berufsvorbereitung … nicht fertig geworden ist, ja daß den meisten Einsicht und selbst guter Wille fehlen, wusste ich längst.»

Der Kontakt zu Heidegger war damit auch beendet. Der Sohn sah Heidegger noch einmal: «Ich traf ihn im Juni 1938 kurz vor meiner Übersiedlung nach England im Katalograum der Universitätsbibliothek, er begrüßte mich sehr freundlich und sagte für alle hörbar: Es wird nicht immer so bleiben.»

Jonas Cohn hatte sich immer wieder mit Heidegger auseinandergesetzt, freilich nicht öffentlich, sondern in seinen Aufzeichnungen und Tagebüchern. So schreibt er unter dem 27. Juli 1933 zur Rede «Die Selbstbehauptung der deutschen Universität», die Martin Heidegger bei der Rektoratsübergabe gehalten hatte: «Vorzüge: daß er nicht Sieg vorlügt, sondern Einsatz fordert – daß er das Volk als geistig-geschichtliches Wesen faßt – ferner, daß er nicht Mythen zu glauben befiehlt, sondern vor die Frage der Existenz stellt. Aber: die Entschlossenheit bleibt leer – die geschichtliche Anknüpfung nur an den Anfang der griechischen Philosophie (was über christlich-theologische Weltanschauung, mathematisch-technisches Denken der Neuzeit gesagt wird, ist kläglich – die Philosophie der Neuzeit und die geschichtliche Forschung wird gar nicht erwähnt) ist völlig unzureichend. Daß die Spezialisierung Schicksal ist, daß der Student in einer Arbeitsgemeinschaft des Erkennens gestellt, zuerst forschen (nicht nur: fragen) lernen und daran sich aufrichten soll – davon kein Wort. «Arbeitsdienst» und «Wehrdienst» kommt dem Studenten als jungem Volksgenossen zu, «Wissensdienst» als Studenten. Dies hätte die rechte Einstellung gegeben, während so der «Wissensdienst» durchaus bedroht ist (wenn auch Heidegger ihn nicht preisgibt).»

Kritischer der Eintrag vom 24. Januar 1934: «Heidegger oder das Umschlagen der absoluten Skepsis in den absoluten Dogmatismus (vorausgesetzt daß Heidegger das Dogma bestimmt), der absoluten Einsamkeit in die absolute Unterwerfung unter die Gesamtheit (vorausgesetzt daß Heidegger sie führt) oder die Philosophie als Rechtfertigung der Machtgier.» Und am 19. Juli 1934: «Kennzeichnend für eine gewisse Gruppe von Philosophen, daß sie die Naturwissenschaft und ihren Einfluss auf unser Leben ignorieren zu können sich einreden. Die Furcht davor, daß sonst ihre Position unmöglich wird, ist leicht zu erkennen. Der energischste von diesen, Heidegger, beschimpft die Wissenschaft – als ‹Ende des Man› – um ihr nicht zu verfallen, verfällt er der Massen-Suggestion und redet sich in einen – ihm ganz unechten – Heroismus hinein.»

Späterhin: «Es klingt tiefsinnig, daß das Nichts nichtet, daß Zeit sich zeitigt – aber der einzige Sinn, der darin liegen kann, ist, daß Nichts und Zeit aktual zu denken sind (denn daß sie – Abstrakta – Tätigkeiten ausüben, wird selbst Heidegger nicht behaupten wollen). Abgesehen von diesem Protest gegen die Endgültigkeit statuarischen Denkens (dessen relatives Recht erst einmal anerkannt werden muß) sind solche Sätze leere Tautologien – Identitäten, über deren Inhaltslosigkeit Hegel alles Nötige mit dem nötigen Hohn gesagt hat.» Daß Abstrakta zu Subjekten, die handeln können, gemacht werden, das hat ihn schon früher geärgert. So schreibt Cohn etwa unter dem 14. Februar 1932: «Ist es nur eine Unart des Sprechens, wenn Heidegger und Jaspers Abstrakta als tätige Subjekte behandeln (Dasein, Existenz, Geschichtlichkeit etc.) oder hat hier das Verlangen nach dem Mythos eine widerliche Schulmeister-Mythologie gezeugt?»

Am 13. September 1932 schreibt er, nachdem er über Heideggers Kolleg von einem Zuhörer informiert worden war: «Heidegger soll im Kolleg die Gleichsetzung des Parmenides von Sein und Denken ausgelegt haben als ‹Denken ist Existieren›. Wobei ‹Existieren› natürlich in dem prägnanten Sinne Kierkegaards und der ‹Existenz-Philosophie› gemeint ist. Ich lasse die Frage der Interpretation beiseite (daß Parmenides es so jedenfalls nicht gemeint hat, ist klar) und erwäge den Sinn des Satzes. Dabei fällt auf, daß ‹Denken ist Existieren› etwas anderes bedeutet als ‹Existieren ist Denken›. Es ist nämlich sinnlos, das ‹ist› als Identität zu verstehen – soll es aber nicht so verstanden werden, dann wird im ersten Satz gemeint sein: (echtes) Denken fordert Einsatz der Existenz, Einstehen für das Gedachte. Der zweite aber: (volle) Existenz hat nur der Denkende. Der erste Satz wäre nahe bei Fichte, der zweite nahe bei Hegel. Wieder wird deutlich: wenn man bei Sätzen mit ‹ist› nicht darauf dringt, den Sinn des ‹ist› zu klären, bleibt man im Dunkeln und sieht sich im Verdacht der Falschmünzerei.»

Jonas Cohn beschäftigte sich auch mit dem Grund der außerordentlichen Faszination, die von Martin Heidegger ausging; sie zog immer wieder viele und unterschiedliche Zuhörer in ihren

Bann und brachte dem Meister höchst bemerkenswerte Schülerinnen und Schüler, Juden und Christen und Atheisten, die späterhin wichtige philosophische Lehrstühle besetzten. Von seinen ersten Auftritten an als akademischer Lehrer eilte ihm der Ruf voraus, ein überragender Philosoph zu sein, ein Ruf, der sich im Laufe seines Lebens festigte und nach seinem Tode sich noch steigerte; nicht ohne Grund gilt er als einer der wenigen großen Philosophen des 20. Jahrhunderts.

Am 12. Dezember 1930 schrieb Jonas Cohn eine längere Beurteilung von Heideggers Vortrag «Vom Wesen der Wahrheit», den er gehört hatte. Daraus der Anfang: «Formal: Rhetorik, die sich verbirgt hinter Schlichtheit. Vergewaltigung der Hörer, die meist vergewaltigt sein wollen. Dahinter: Energie, Straffheit, Selbstgewissheit, natürlich die Arbeit auch und gerade an der Form. Methode: etymologisierend. Die Worte in ihrer Ur-Bedeutung nehmen (a-lätheia (griech.): Entbergung, Offenbarsein des Seienden. Aber wenn die Wahrheit Offenbarsein, dann ist Unwesen der Wahrheit das Scheinen. Die Wahrheit muß ihr Unwesen in ihr Wesen aufnehmen?) Dies Netz von Begriffs-Übergängen, geknotet durch den Wortsinn, wird dem Hörer übergeworfen. Es ist keine Gelegenheit zum Prüfen, Anhalten, Besinnen. Kein Beweis, weder Ableitung, noch Anführung. Nicht bedacht, daß Dialektik schlicht-logisch unterbaut sein, daß Distinktion der Ausführung vorausgehen muß.» Bevor er weiter auf die Ausführungen Heideggers eingeht, faßt er seinen Eindruck zusammen: «Also: gar nicht scholastisch, eher mystisch.»

Jonas Cohn erhielt im November 1938, etwa zehn Tage nach dem befohlenen Pogrom vom 9. November, der sogenannten Reichskristallnacht, ein Schreiben des damaligen Rektors der Albert Ludwigs-Universität Freiburg, datiert vom 17. 11. 1938: «Herrn Prof. Dr. Jonas Cohn, Freiburg-Günterstal. Zur Vermeidung von Unzuträglichkeiten bitte ich Sie, bis auf Weiteres die Albert-Ludwigs-Universität und deren Einrichtungen, z. B. Akademische Lesehalle, Universitäts-Bibliothek usw. nicht mehr zu besuchen. O. Mangold.»

Cohn gelang es noch, mit seiner Familie 1939 nach England zu emigrieren. 1941 mit 72 Jahren fragte er sich in seinem Tagebuch: «Meine Lebensarbeit ist, von außen und von der heutigen Lage her gesehen, erfolglos geblieben. Wie weit liegt das an Verhältnissen, die nicht zu ändern waren, wie weit an eigener Schuld? Das sind Fragen, die sich notwendig stellen und doch nie endgültig und sicher beantwortet werden können.» 1947 wollte er wieder nach Freiburg zurückkehren. Kurz vor seiner Rückkehr starb er mit 78 Jahren in Birmingham.

19. Die Philosophin

Hannah Arendt sah die Philosophie Martin Heideggers in einem anderen Lichte. 1924 hatte sie ihr Studium in Marburg begonnen und sogleich Seminare bei Heidegger und Bultmann gehört. Sie war fasziniert von Martin Heidegger – und er von ihr. Sie hatten eine Liebesbeziehung. Schließlich schickte Heidegger sie im Frühjahr 1926 zu Jaspers nach Heidelberg. Nach einem Semester in Freiburg bei Husserl kehrte sie zu Jaspers zurück, bei dem sie 1928 mit einer Arbeit über den «Liebesbegriff bei Augustin» promovierte. Was denn unter selbstloser Liebe, unter «Nächstenliebe» zu verstehen sei, beschäftigte sie. Ihr wichtigstes philosophisches Werk, «Vita activa», übernimmt einen Begriff der mittelalterlichen Theologie, die zwischen dem tätigen Leben, vita activa, und dem der Meditation unterschied, vita meditativa. Zum tätigen Leben gehört für Hannah Arendt auch und nicht zuletzt die politische Tätigkeit.

1930 heiratete Hannah Arendt Günther Stern, den sie im Seminar Husserls erstmals getroffen hatte. Er war der Sohn des Psychologen William Stern, der sich später anders als sein Vater nannte, nämlich Günther Anders. 1933 mußte sie als Jüdin emigrieren. In Paris lernte sie Heinrich Blücher kennen, einen Berliner Emigranten, ehemaligen Kommunisten und Autodidakten. Nach der Scheidung von Günther Anders heiratete sie 1940 Heinrich Blücher. 1941 wurde sie im französischen Lager Gurs in

Südfrankreich für einige Zeit interniert, danach gelang ihr mit ihrem Mann die Flucht nach den Vereinigten Staaten über Spanien und Portugal. Wären die Nationalsozialisten ihrer habhaft geworden, hätten sie sie umgebracht wie Millionen Juden.

Mit gemischten Gefühlen kehrte Hannah Arendt 1949 auf ihrer ersten Europa-Reise nach Deutschland zurück. Im Auftrage einer jüdischen Organisation – Jewish Cultural Reconstruction – sollte sie nach verbliebenen jüdischen Büchern, Manuskripten und Kultgegenständen in Deutschland fahnden. Sie besuchte Karl Jaspers, der seit 1947 in Basel lehrte, und sie traf Anfang Februar 1950 Martin Heidegger in Freiburg. «Werde am Montag in Freiburg sein, sein müssen, habe aber nicht mehr die geringste Lust, den Herrn wiederzusehen. Jaspers weiß von nichts», schreibt sie an ihren Mann nach New York am 5. Februar 1950 aus Basel.

Die Verbindung zwischen Jaspers und Heidegger war 1936 abgerissen. Jaspers, der 1933 zunächst Heidegger in seinem Engagement unterstützt hatte, wurde im Laufe des Jahres 1933 klar, mit wem er es zu tun hatte. Er war mit einer Jüdin verheiratet, übrigens einer Cousine des Philosophen Jonas Cohn, und wurde von der Universitätsverwaltung ausgeschlossen, dann aus seiner Professur entlassen; ab 1938 hatte er auch Publikationsverbot. Die Deportation seiner Frau in eines der Vernichtungslager drohte. Schließlich wurde sie auf den 14. April 1945 festgesetzt. Am 1. April befreiten die US-Streitkräfte Heidelberg. Jaspers konnte nach zwölf Jahren Bedrückung ein neues Leben beginnen – im Alter von 62 Jahren. 1947 erhielt er eine Professur in Basel; von dort mischte er sich mit politischen und philosophischen Schriften immer wieder in die öffentliche Diskussion der Bundesrepublik ein. Für Hannah Arendt war und blieb er der philosophische Lehrer und Freund, den sie bewunderte und verehrte.

Am 8. Februar 1950 berichtet Hannah Arendt ihrem Mann, daß sie «den Herrn» doch gesehen habe. Heidegger kam ins Hotel: «Wir haben, scheint mir, zum ersten Mal in unserem Leben miteinander gesprochen.» Vielleicht über Heideggers Rektorat 1933 auf 34, vielleicht auch nicht. In ihren Briefen an Heidegger vermeidet sie dieses Thema. Wichtiger scheint bei diesen ersten Begegnungen das schwierige Verhältnis zu Heideggers Ehefrau Elfride. «Heute früh kam dann noch eine Auseinandersetzung mit seiner Frau – die macht ihm seit 25 Jahren … offenbar die Hölle auf Erden. Und er, der notorisch immer und überall lügt, wo er nur kann, hat ebenso offenbar, d.h. wie sich aus einem vertrackten Gespräch zu dritt ergibt, nie in all den 25 Jahren geleugnet, daß dies nun einmal die Passion seines Lebens sei», schreibt sie nicht ohne Stolz an Heinrich Blücher.

Hannahs Eifersucht auf Elfride scheint nicht weniger stark als die Elfrides auf Hannah, denn Hannahs Urteil über Elfride ist nicht sehr fair: «Sie ist leider mordsdämlich.» Ein Urteil, das sie mit anderen Worten in späteren Briefen wiederholt. Sie sieht den großen Mann von dieser kleinen Frau beengt, bedrückt. Wäre sie, Hannah, ihm eine bessere Ehefrau gewesen? Elfride Heidegger war eine energische Person, die sich auf ihre Weise für ihren Mann und dessen Karriere einsetzte und sich dabei nicht nur Freunde machte. Auch Fritz Heidegger, der Bruder, konnte sie zwar akzeptieren, aber recht warm werden konnte er nicht mit ihr. Allerdings hatte es Elfride Heidegger auch nicht leicht, denn die Affäre mit Hannah Arendt war beileibe nicht die einzige ihres Mannes.

Hannah Arendt im Brief vom 8. Februar 1950: «Aber ich werde versuchen einzurenken, soweit ich kann.» In der Tat hat sie dann in einem Brief an Heidegger eine andere Darstellung des Gesprächs geboten: «Ich war und bin erschüttert von der Ehrlichkeit und Eindringlichkeit der Annäherung (Elfrides).» Stärker beeindruckt war sie sicherlich von der Annäherung Martins, wie es im Brief an Blücher heißt: «Er hat mich mit Publikationen und Manuskripten überschüttet; nur sprechen können, nur verstanden werden. Dabei ist er berühmter als je, ohne das im mindesten zu verstehen oder, sagen wir, zu realisieren.» Er ist trotz seines Ruhmes recht einsam, denn er hat niemanden, den er als Partner seines Philosophierens akzeptieren kann. So wirbt er – er konnte erfolgreich werben um Frauen und Männer – wieder um Hannah Arendt. Und sie wird ihm Partnerin, in Briefen und Begegnungen, wenn sie auch andernorts sich wiederum, wenigstens teilweise, von ihm distanziert.

In einem Brief an ihren Mann vom 6. Juni 1952, sie ist auf der zweiten ihrer zahlreichen Europa-Reisen, berichtet sie von einem weiteren Besuch in Freiburg: «Freiburg hat mit erneuten Szenen der Dame geendet; ich weiß nicht recht, was ich machen soll. Das Kolleg war wieder großartig, obwohl er absolut nicht in Form war und schlecht las.» Sie macht sich Sorgen um ihn: was geschieht, wenn die Söhne aus dem Haus sind und Elfride nichts zu tun hat: «Denn während sie nicht weiß, was sie tun soll, und einfach bösartig wird, liegen in Meßkirch ca. 50 000 ungetippte Seiten, die sie in all den Jahren bequem hätte tippen können. Und die natürlich heute gar nicht mehr aufzuholen sind. Der einzige Mensch, den er wirklich hat, ist sein Bruder.»

Im September 1958 kommt Hannah Arendt wieder einmal nach Europa, sie wird die Laudatio auf Karl Jaspers halten, der den Friedenspreis des deutschen Buchhandels in Frankfurt a. M. entgegennimmt. Er hat sich Hannah Arendt als Rednerin gewünscht, er fühlt sich ihr verbunden. Er hat von ihr gelernt wie sie von ihm. Ihr großes Buch über die «Ursprünge der totalitären Herrschaft» haben ihn den Hitlerismus und den Stalinismus «besser sehen» gelehrt «als er es vorher vermochte», wie er schrieb. Ihre «Vita activa» geht mehr als einmal auf Jaspers Gedanken zur öffentlichen Verantwortung ein. Und doch hat Hannah Arendt Skrupel. All das, was sie als Lob zu Jaspers sagen kann, ist es nicht als Kritik an Heidegger zu verstehen? Jaspers ist moralisches Vorbild, Kosmopolit, öffentlicher Philosoph und wahrhafter Europäer. Der schwächste Punkt in Heideggers Philosophie, da stimmt sie mit Heinrich Blücher überein, ist dessen Begriff der Geschichtlichkeit, genauer: das Fehlen der Geschichtlichkeit, die seinem Denken eine politische Dimension geöffnet hätte. Blücher weist denn auch Arendts Bedenken zurück: «Über den guten Europäer sollte man da (in Frankfurt) richtig reden. And that is just what Heidegger has coming to him, der Hosenmatzdeutsche.»

Was diesem «Hosenmatzdeutschen» anhaftete als eine Art «Krankheit», wie sie in einem Brief an Kurt Blumenfeld vom

16. Dezember 1957 schrieb, ist etwas, das ihn durchaus vereint mit anderen deutschen und deutsch-jüdischen Intellektuellen: es ist «das Besessensein von der eigenen einzigartigen Persönlichkeit». Inhalt und Ziel deren Strebens ist einzig, sich selbst als außerordentlich zu behaupten. Arendt: «Man kann ja ganz gut verstehen, daß die beinahe Genialen und doch nur Hochbegabten überschnappen (Fall Scholem), aber warum, warum die wirklichen Genies? Ich las gerade gestern die letzte Schrift von Heidegger über Identität und Differenz, hochinteressant, aber – er zitiert sich selbst und interpretiert sich, als ob es ein Text der Bibel sei. Ich kann es einfach nicht mehr ertragen. Und der ist wirklich genial und nicht nur hochbegabt. Also: zu was hat er das nötig; diese unsäglich schlechten Manieren?»

Worin seine Genialität besteht, hat niemand besser als sie in einem Aufsatz zu seinem 80. Geburtstag 1969 mit dem Titel «Martin Heidegger ist achtzig Jahre alt» erläutert. Sie geht von ihren Erfahrungen, den Erfahrungen ihrer Generation aus, jedenfalls von denen, die nach den Erschütterungen des Ersten Weltkriegs das Studium der Philosophie begannen. «Philosophie war kein Brotstudium, schon eher das Studium entschlossener Hungerleider, die gerade darum recht anspruchsvoll waren.» Eine Auswahl von Weltanschauungen und Weltanschauungsparteien, wie sie es nennt, stand den jungen Leuten zur Verfügung, doch um von diesen Gebrauch zu machen, mußten sie nicht Philosophie studieren. Die Universitäts-Philosophie bot ihnen die übliche Auswahl: die verschiedenen Schulen wie Neu-Kantianer, Neu-Hegelianer usw. oder die verschiedenen Disziplinen wie Ästhetik, Ethik, Logik usw. Das alles erschien den jungen Leuten «bodenlos langweilig».

Da war die Ausnahme: Edmund Husserl, der «zu den Sachen selbst» rief, also weg von den Büchern, weg von der Büchergelehrsamkeit, wenn er auch das Behauptete nicht recht einzulösen vermochte, wie Hannah Arendt meint. Vielleicht war das ein Grund dafür, daß seine Schüler sich radikalisierten, auch in der Hinwendung zur katholischen oder evangelischen Kirche, um das Verlangen, das ihr Lehrer in ihnen geweckt hatte, andernorts zu befriedigen. Dann trat Heidegger auf, dem der Ruf vorauseilte, daß er die Sachen, die Husserl proklamierte, tatsächlich erreichte: «der weiß, daß sie keine akademische Angelegenheit sind, sondern das Anliegen von denkenden Menschen, und zwar nicht erst seit gestern und heute, sondern seit eh und je, und der, gerade weil ihm der Faden der Tradition gerissen ist, die Vergangenheit neu entdeckte.»

Er las nicht «über» Plato, er las Plato, ein Semester lang, Satz für Satz mit seinen Studenten. Gerade der nichtakademische Gestus des Emporkömmlings Heidegger, der sich im akademischen Milieu erst durchsetzen mußte, das Rebellische, das er im Gegensatz zu seinem braven Lehrer Husserl nicht nur behauptete, sondern darstellte, das machte Eindruck auf die jungen Leute, die nach Authentizität verlangten, wie man heute sagen würde. Philosophie und Leben schienen bei ihm nicht getrennte Bereiche, Philosophie war Leben: «leidenschaftliches Denken», Denken aus dem Lebendigsein, aus dem Sein. Das faszinierte die zahlreichen Anhänger des neuen Philosophen.

Das Denken Heideggers hat, laut Hannah Arendt, «eine nur ihm eigene Qualität, die, wollte man sie sprachlich fassen und nachweisen, in dem transitiven Gebrauch des Verbums «denken» liegt. Heidegger denkt nie «über» etwas: er denkt etwas. In dieser ganz und gar unkontemplativen Tätigkeit bohrt er sich in die Tiefe, aber nicht um in dieser Dimension – von der man sagen könnte, daß sie in dieser Weise und Präzision vorher schlechterdings unentdeckt war – einen letzten und sicheren Grund zu entdecken oder gar zutage zu fördern, sondern um in der Tiefe verbleibend, Wege zu legen und ‹Wegmarken› zu setzen.» Daher auch das Wort von den «Holzwegen», die für Heidegger keine Sackgassen sind, die zu nichts führen, wie die Umgangssprache meint, sondern Wege durch den bisher unerschlossenen Wald. Der Holzfäller bahnt sich Wege, um Holz zu schlagen, «wobei das Bahnen nicht weniger zum Geschäft gehört als das Schlagen des Holzes».

Freilich gab es da doch einen Holzweg im üblichen Sinne, in den sich der Philosoph verrannte, das verschweigt Hannah

Arendt nicht. Der Ort des Denkens sehe für den Außenstehenden manchmal aus wie das Wolkenkuckucksheim aus der Komödie des Aristophanes. Diesen Wohnsitz habe Heidegger einmal verlassen, um in die weltlichen Dinge sich einzumischen, so wie Plato nach Sizilien aufbrach, um dem dortigen Tyrannen seine Dienste anzubieten. Heidegger habe sich dem Tyrannen im eigenen Lande angedient.

Daß Plato wie Heidegger, als sie sich auf die alltäglichen Angelegenheiten einließen, ausgerechnet Tyrannen und Führern folgten, hält sie für das Ergebnis einer «deformation professionelle», einer beruflichen Deformation: «Denn die Neigung zum Tyrannischen läßt sich theoretisch bei fast allen großen Denkern nachweisen (Kant ist die große Ausnahme).» In der Tat, der Philosoph setzt seine Thesen, zieht seine Folgerungen, relativ unbeeinflußt von den Tatsachen des alltäglichen Lebens. Tritt er in dieses ein, meint er, er könne es genauso kraft seines Denkens dominieren wie die philosophischen Disziplinen. Er dekretiert, er bestimmt, zu Kompromissen wenig geneigt, die das Hin und Her des Lebens dem Handelnden abverlangt. Damit entspricht er aber dem Bilde, das sich die Menge vom Philosophen macht: sie will ihn hart und entschieden, um ihn bewundern zu können.

J. Glenn Gray, ein amerikanischer Philosophieprofessor, eher Karl Jaspers als Martin Heidegger zugeneigt, verbrachte das Jahr 1967 auf Bitten Hannah Arendts in Freiburg. Sie hatte ihn gedrängt, mit Heidegger an der englischen Ausgabe von dessen Gesammelten Werken bei Harper and Row zu arbeiten. Gray lernte die Persönlichkeit Martin Heideggers kennen, Hochachtung wechselte mit Befremden. Gray: «Wenn die Deutschen ihn intellektuell nicht so sehr anbeten würden, kämen sie vielleicht zu besseren Ergebnissen. Denn bisher war er im Gespräch der menschlichste und schlichteste Mann, den ich hier getroffen habe. Aus dem Seminar weiß ich, daß er auch anders sein kann, aber die Studenten behandeln ihn so ehrerbietig, daß er sich eben in die Rolle fügt.»

Gray wunderte sich über das «tragikomische Milieu», in dem Heidegger in Freiburg lebte. Heideggers Bruder Fritz, fand er, sei der einzige, der mit beiden Füßen auf der Erde stehe. Begeistert war er von dem, was Fritz ihm über seinen Bruder erzählte: «Als junger Mann war Martin normal wie jeder andere, das heißt, er liebte Sport, Mädchen, Trinken, aber dann entdeckte er die phänomenologische Methode Husserls und danach lief er um das Sein ‹wie die Katze um den heißen Brei›.»

20. Die brüderliche Hilfe

Als im Herbst 1938 sich die Gefahr eines Krieges abzeichnete, bat Martin Heidegger seinen Bruder Fritz zu sich. Er gab ihm zwei große metallene Kisten mit Manuskripten, die er in Meßkirch aufbewahren sollte, wo er sie in Sicherheit glaubte. Es war der Beginn einer gemeinsamen Arbeit. Martin bat Fritz, seine Manuskripte ins reine zu tippen, zunächst die «Beiträge»; er hatte offensichtlich in Freiburg niemanden, dem er vertrauen konnte, so daß er den Bruder darum bat. So entstand zwischen den beiden ein Arbeitsverhältnis, das über lange Jahre andauerte und nicht nur Martin nützte, sondern auch Fritz. Sicher, Fritz war der dienende, er schrieb die Texte ab, versah sie mit Randnotizen, brachte den Bruder zu Verbesserungen, lange Sätze zerschnitt er in zwei. Und manches hat er ihm abverlangt, was zum besseren Verständnis der Texte beigetragen haben wird. Aber zugleich war es doch auch eine Anerkennung für Fritz: er wurde als Partner akzeptiert, seine Ansichten wurden ernstgenommen, er hatte dem Bruder etwas zu sagen. Und da er nie schüchtern war, tat er dies auch ungeschützt. Durch die Lektüre und die Gespräche wurden auch Fritzens eigene philosophische Überlegungen angeregt.

Wie ernst Martin Heidegger die Einwürfe von Fritz nahm, geht etwa aus einem Brief hervor, den er an seinen Verleger Vittorio Klostermann am 19. April 1954 schrieb. Martin Heidegger teilt darin mit, daß er nach längerer Überlegung und Beratung mit seinem Bruder zu dem Entschluß gekommen sei, für die Neuauflage der Schrift «Vom Wesen des Grundes» ein ausführliches Nachwort zu schreiben, das die Frage nach Grund und Kausalität neu stelle und die frühe Fragestellung der Schrift mit seinem heutigen Denken in Verbindung bringe. Die Gespräche mit seinem Bruder hatten ihn also dazu gebracht, der alten Schrift eine neue Blickrichtung zu geben.

«Wer das einfache kleine, holzverschalte Haus in der Friedrich-Ebert-Straße in Meßkirch betrat», schreibt Heinrich Wiegand Petzet, «und dort in das Zimmer geführt wurde, in dessen einer Ecke aufeinandergestapelte Manuskripte sich fast bis zur Decke türmten …, der hätte vielleicht meinen können, es seien die Geistesschätze des Bruders Fritz. Doch der hütete sie nur, schrieb Zweitschriften, ordnete.» Als Petzet das Haus von Fritz Heidegger Ende der fünfziger Jahre das erste Mal betrat, waren die meisten Manuskripte Martins schon wieder in Freiburg. Was er im Studierzimmer sah, waren vor allem Abschriften der Manuskripte, zweite und dritte Durchschläge, sorgfältig geordnet. Doch gab es auch «Geistesschätze» des Bruders, freilich waren diese dem Fremden verborgen. Die Hefte, in die Fritz seine Notizen eintrug, hielt er unter Verschluß. Seit Beginn seines Ruhestands im Jahre 1959 schrieb er nämlich, mit einem Eifer, der an den seines Bruders erinnert, alles auf, was ihm durch den Kopf ging: philosophische, theologische Überlegungen, Gedankensplitter, Aphorismen. Exzerpte aus wichtigen Werken, aber auch Anekdoten und Geschichten aus Meßkirch und Umgebung. Schließlich den Entwurf zu einem Roman, der nie ausgeführt wurde. Diese Aufzeichnungen liegen bis heute, unveröffentlicht, in diesem Zimmer im kleinen holzverschalten Haus in Meßkirch.

Petzet weiter: «Die Brüder pflegten alles miteinander zu besprechen, kritisch Formulierungen abzuwägen und sich in Kenntnissen lateinischer und griechischer Klassiker gegenseitig auszustechen. Heideggers Arbeiten sind ohne die Assistenz des Bruders gar nicht denkbar, der gelegentlich auch mit abweichenden Meinungen nicht zurückhielt, sich aber nie vermessen hätte, etwa gegen den Philosophen Stellung zu nehmen. Dieser hat ihm, dem ‹einzigen Bruder›, lebenslang Dankbarkeit bewahrt.»

In der Tat ein erstaunliches Verhältnis, das immer einvernehmlich und freundschaftlich blieb, was nicht gerade selbstverständlich ist unter Geschwistern, die doch auch in Rivalität zueinander stehen. Fritz mag wohl manchmal gespürt haben, daß er der vom Schicksal Benachteiligte war, seine Fähigkeiten, seine Ansprüche gingen weit über das hinaus, was er in Meßkirch tat. Und doch tat er es gut und gutwillig, in seiner Art bescheiden, wenn er auch manchmal aufbrausen konnte. In seinem Geschick hat er sich nie fertig eingerichtet, er ragte immer darüber hinaus; er war nicht unzufrieden, stand aber doch zu seiner Umgebung in ironischer Distanz. In ironischer Distanz auch zu sich selbst, was ihn wohl vom Bruder unterscheidet und in dieser Hinsicht ihn diesem überlegen macht. Ironische Distanz zeigte er natürlich bisweilen auch zum Bruder in dieser oder jener Bemerkung, ausdrücklich oder nicht, aber er blieb immer freundlich und freundschaftlich. Insofern war das Verhältnis zwischen den beiden Brüdern einzigartig.

Für Martin war Fritz auch die Heimat Meßkirch, mehr als die Stadt selbst, deren Örtlichkeiten ihn ansprachen als die Stätten der Kindheit und Jugend, deren Bewohner aber ihm doch fremd geworden waren bis auf wenige Ausnahmen; das waren der Bruder und seine Familie, aber auch andere Verwandte und alte Bekannte, wie ehemalige Schulkameraden, schließlich auch der Theologe Bernhard Welte, der jedoch Meßkirch hinter sich gelassen hatte wie Martin und in Freiburg lebte.

In den letzten vier Jahrzehnten seines Lebens kam Martin jedes Jahr zu zwei längeren Aufenthalten nach Meßkirch, meist im Frühjahr, bevor er nach Todtnauberg ging, und im Herbst, wenn er von dort kam. Auch seinen Namenstag, in katholischen Familien wichtiger als der Geburtstag, verbrachte er gerne in Meßkirch. Er lebte und arbeitete dann im Haus des Bruders. Noch einmal Petzet: «Der Bruder verbürgte ihm nicht nur die Ruhe zur Arbeit, bewahrte ihm lebenslang die Heimat, sondern gewährte ihm auch ein Drittes: die Liebe, aus der erst die Fruchtbarkeit der Arbeit in der Heimat gedeihen konnte. Beide hingen sehr aneinander und nahmen tiefen Anteil an den gegenseitigen Schicksalen. Ich habe selten ein ebenso inniges wie unsentimentales Verhältnis unter Brüdern gesehen.» Auch in der Liebe war Fritz der Überlegene: seine Liebe war selbstlos, Dienst am Bruder. Freilich fiel dadurch etwas vom Glanze dieses Bruders auch auf ihn.

Petzet erzählt eine Anekdote von Fritz Heidegger, die belegt, wie gut er das Werk seines Bruders kannte und wie spielerisch er damit umgehen konnte, nicht zuletzt «in der gebildeten Welt», die er nicht sehr ernst nahm. Fritz war demnach einmal auf der Bühlerhöhe, wo Martin einen Vortrag hielt. Fritz wurde danach in einen Kreis gebildeter Damen gezogen, die ihn über den Bruder ausfragen wollten. Damals war viel die Rede vom großen Mao Tse-tung, dem brutalen Gewaltherrscher des kommunistischen China, der freilich unter Gebildeten in Europa als Feingeist galt, hatte er doch auch Gedichte geschrieben. Auf die Frage einer Dame, was er denn von Mao halte, sagte Fritz Heidegger: «Mao Tse? Das ist das Ge-Stell von Lao Tse!» Das machte starken Eindruck. Und ganz falsch scheint es nicht.

Über das Verhältnis der Brüder wird man mehr erfahren, wenn der Briefwechsel zwischen den beiden veröffentlicht wird. Briefe und Karten sind seit 1927 erhalten, insgesamt etwa 500. Freilich sind sie oft nur kurz, kündigen Besuche an und verabreden Treffen, auf denen die wichtigsten Dinge mündlich besprochen wurden – beim Wein oder beim Spaziergang. So wird sich auch der Anteil von Fritz an den Texten von Martin nicht recht erschließen lassen, da der Hauptanteil dieser Arbeit mündlich erfolgte, es sei denn, seine Randbemerkungen zu den Abschriften ließen sich einmal zusammenfassen.

Mit zunehmendem Alter verlor dann Fritz die Lust am Abschreiben der Manuskripte des Bruders, der schließlich die meisten nach Freiburg zurückholte und dort Schüler mit weiteren Abschriften beauftragte.

Doch während des Krieges waren diese Manuskripte in Meßkirch zunächst sicher; daß sie alle dort im Safe der Volksbank aufbewahrt wurden, ist ein Gerücht. Heinrich Heidegger erinnert sich: «Die zwei Eisenkisten waren bei uns im Hause; in der Volksbank waren aber auch einige Safes gemietet für wertvolle Manuskripte; nach dem Luftangriff vom 22. Februar 1945 holte Martin

Heidegger selbst die Manuskripte aus dem zerstörten Gebäude heraus, weil zum Glück der Panzerschrank nicht verschlossen war; das habe ich gesehen. Die zwei Eisenkisten brachten mein Vater und ich schon am 12. September 1944 nach Bietingen.» Im Turm der Kirche von Bietingen wurden sie nun geborgen. Pfarrer von Bietingen war der mit der Familie befreundete Albert Krautheimer, später als Chefredakteur des «Konradsblattes» eine regionale Berühmtheit. Also ausgerechnet die Kirche schützte die Werke des «abtrünnigen» Philosophen. Doch Krautheimer sah die Sache gelassen. Später sagte er einmal, die Kirchenleute erwarteten, daß Martin Heidegger im Büßergewand durch das Hauptportal der Meßkircher Martinskirche schreite, doch der sei längst wie früher als Mesnerbub durch die Sakristeitür in die Kirche gelangt.

Fritz Heidegger mußte bald darauf mit seinem Sohn Heinrich zum Schanzen ins Elsaß einrücken; dort sollten die alliierten Truppen aufgehalten werden. Martins Söhne Jörg und Hermann waren schon zu Beginn des Krieges eingezogen worden; seit 1940 standen sie an der Front; erst spät sind sie aus der Kriegsgefangenschaft heimgekehrt. Im Herbst 1944 mußte nun auch Martin Dienst leisten, in einem Dorf im Elsaß mußte er Wache schieben. Alle arbeitsfähigen Männer zwischen sechzehn und sechzig wurden nun vom Führer einberufen, ein letztes Aufgebot von Kindern und Greisen.

Mitglieder der Freiburger philosophischen Fakultät wandten sich daraufhin an den «Reichsdozentenführer» Scheel: Martin Heidegger solle freigestellt werden. «Wenn wir in schwerster Zeit», heißt es in dem Schreiben, «diese Bitte vorbringen, zeigen wir damit unser Vertrauen auf die Zukunft deutscher Wissenschaft.»

Am 2. Dezember 1944 wurde Martin Heidegger entlassen, nachdem seine Kompanie den Rückzug über den Rhein angetreten hatte. Martin ging daran, seine Manuskripte zu ordnen und in Sicherheit zu bringen. Er eilte nach Meßkirch, wo der Bruder mit seinem Sohn nach vier Wochen Schanzarbeit inzwischen wieder angelangt war. Kurze Zeit blieben sie zusammen. Im Winter 1944 zogen Reste der Freiburger Universität aus der von Bomben verwüsteten Stadt nach Burg Wildenstein oberhalb des Klosters Beuron, nahe bei Sigmaringen. Zehn Professoren und dreißig Studenten, durchweg junge Damen, die Männer waren an der Front, waren gefallen oder in Gefangenschaft. Martin Heidegger stieß im März 1945 zu ihnen. Auf dieser Burg, hoch über der Donau, dozierte er im Kreis der jungen Damen über Hölderlin, der die Donau als Ister, so die griechische Bezeichnung, besungen hatte: «Man nennet diesen den Ister./ Schön wohnt er. Es brennet der Säulen Laub,/ Und reget sich ...»

Von Burg Wildenstein aus sieht man im Tal auch jenen Schafstall, in dem der Großvater von Martin und Fritz Heidegger 1803 geboren worden war. Im Januar desselben Jahres 1803 hatte Isaac von Sinclair dem Landgrafen von Hessen-Homburg Hölderlins Hymne «Patmos» überreicht; Patmos ist die Insel, auf welcher der Evangelist Johannes die Offenbarung der Apokalypse hatte, die Offenbarung vom Gang und Untergang der Welt. Und vom Aufgang einer neuen. Im Sommer des Jahres 1803 arbeitete Hölderlin in seinem Heimatort, im schwäbischen Nürtingen, an der Hymne «Der Ister», die er nicht vollendete. Für Martin waren dies tiefere Zusammenhänge, als die Jahreszahl glauben macht.

Fritz war schon am 6. Januar 1945 zu den Landesschützen nach Radolfzell eingezogen worden. Nach dem Luftangriff auf Meßkirch am 22. Februar 1945 erreichte Martin, so einflußreich war er noch, daß sein Bruder nach Meßkirch versetzt wurde. Dort hatte er Schreibstubendienst. Der vorgesetzte Hauptmann war ein evangelischer Pfarrer, der einen Kommentar zur Apokalypse des Johannes geschrieben hatte. Fritz erhielt vom Hauptmann den dienstlichen Befehl, diesen Kommentar abzuschreiben. Als das sogenannte Tausendjährige Reich unterging, befaßte sich also Fritz Heidegger mit der Voraussage eines Tausendjährigen Reiches durch den Evangelisten Johannes. Kurz vor Kriegsschluß erreichte er dann sogar noch einen militärischen Rang: er wurde am 15. April 1945 «Ortskommandant» des nahen Flecken Boll, wo er die Kriegsgefangenen zu bewachen hatte. Bis dahin war er dem zielbewußt aus dem Wege gegangen. Schon 1937 nach einer dreiwöchigen Wehrübung sollte er zum Unteroffizier befördert werden; er konnte sich entziehen, der zuständige Spieß war ein Meßkircher Gewerbelehrer, den Fritz gut kannte. So blieb er zeit seines Lebens beim untersten Rang, dem Gefreiten.

Meßkirch hatte zunächst nur wenig vom Krieg gespürt. Die Männer wurden einberufen, die Todesanzeigen mit den Namen der Gefallenen standen in der Zeitung, aber der Krieg war weit weg. Sicher, am Anfang wurden Bahnhof, Brücken und Kreuzungen bewacht, aber sonst geschah wenig. Dann wurden die Wachen abgezogen, alle Männer mußten an die Front. Kriegsgefangene kamen, zuerst Polen, dann Franzosen, dann Russen, schließlich Serben. Sie wurden von alten Männern bewacht und allenthalben zur Arbeit herangezogen. Außerdem gab es Zwangsarbeiter, vor allem aus der Ukraine, die auch bei den Bauern untergebracht waren. Sie durften nicht ihren Wohnort verlassen, konnten nicht am Gottesdienst teilnehmen oder an Veranstaltungen; für die Polen gab es schließlich einen gesonderten Gottesdienst, sonntags um neun Uhr, ohne Predigt. Den Familien war der nähere Kontakt zu den Gefangenen und den Arbeitern verboten. Eine Frau aus Kreenheinstetten wurde 1941 denunziert; sie hatte ein Verhältnis mit einem polnischen Arbeiter. Sie wurde kahlgeschoren und durchs Dorf getrieben, der Pole wurde am Waldrand erhängt.

Immer mehr Bombenopfer kamen aus dem Ruhrgebiet und schließlich auch aus badischen Städten nach Meßkirch, das von Bomben verschont war. Gegen Ende des Krieges waren über 1 600 Menschen in Meßkirch, die ohne Hab und Gut aus anderen Gegenden zugezogen waren; das waren damals etwa 40 Prozent der gesamten Bevölkerung. Die Schulen wurden nicht geschlossen, doch der Unterricht war nur unregelmäßig. Die größeren Kinder mußten nachmittags in den Fabriken und in der Landwirtschaft helfen. Die Hitlerjungen wurden zum Schanzen und zur Flak befohlen. Kriegswichtige Betriebe wurden in den Schulen untergebracht – in der Haupt- und Realschule das Postscheckamt Karlsruhe – und in der Viehhalle, die das Zentrum des Viehhandels in Südbaden war. Im Hofgarten wurde nun das Vieh feilgeboten. Am 24. Juli 1944 wurde ein mit Vieh beladener Güterzug kurz vor Meßkirch von einem Jagdbomber beschossen, ein Bauer starb.

Diese kleinen Jagdbomber waren zu fürchten, als «Tiefflieger» beschossen sie Eisenbahnen und Kraftwagen, aber auch harmlose Passanten und auf dem Acker arbeitende Bäuerinnen, kurz, alles, was sich bewegte. Doch die großen Bombergeschwader zogen über die kleine Stadt hinweg zu lohnenderen Zielen. Bis zum 22. Februar 1945. Gegen 12 Uhr beschoß ein Jagdbomber den Bahnhof; die amerikanische Luftwaffe wollte an diesem Tag die Bahnverbindungen zwischen Singen und Ulm lahm legen. Es gab Verletzte, ein Viehtransport wurde getroffen. Just an diesem Tag war Viehmarkt im Hofgarten.

Völlig unerwartet kam es dann zu einem größeren Angriff nach 13 Uhr. Sieben zweimotorige «Mosquitos» flogen in zwei Reihen, von einem Leitflugzeug geführt, in einer Höhe von 150 Metern über Meßkirch. Über dem Bahnhofsgelände und dessen Umgebung warfen sie 42 Bomben ab. Ein enormer Lärm, eine riesige schwarze Rauchwolke, Schreie von Verwundeten, ein Chaos in der Stadt. Der Güterbahnhof lag in Trümmern, viele Häuser waren getroffen, auch die Volksbank; der Arbeitsplatz von Fritz Heidegger erhielt einen Volltreffer. Tierkadaver lagen umher, Tote und Verletzte wurden mühsam geborgen. 35 Tote und 93 Verletzte zählte man schließlich.

Der Siegeswillen war trotzdem bei einigen noch nicht gebrochen. Mitte März wurde Dr. Friedrich Wöhler, der Chef der Firma Optica in Meßkirch, vom Kreisleiter Zimmermann vor ein Standgericht gestellt, nachdem örtliche NS-Größen ihn denunziert hatten. Er hatte am Endsieg gezweifelt, seine Fremdarbeiter zu gut behandelt und seine deutschen Arbeiter vor dem Volkssturm geschützt. Wegen dringlicher Geschäfte wurde Kreisleiter Zimmermann jedoch abberufen, die Verhandlung wurde nicht zu Ende geführt, im Durcheinander der letzten Kriegstage konnte Wöhler sich retten.

Inzwischen übernachtete der «Ortskommandant» von Boll Fritz Heidegger jede Nacht in seinem Hause in Meßkirch ohne Rücksicht auf die in Boll ihm anvertrauten Gefangenen. Schließlich mußte er in Meßkirch bei seiner Kompanie Meldung machen. Morgens fuhr er mit dem Fahrrad, das ihm die Familie des Müllers Rebholz in Boll geliehen hatte, wieder nach Boll hinaus. Das tat er auch am Morgen des 22. April, des letzten Kriegstages in Meßkirch, unbeschadet dessen, daß in der Nacht seine Kompanie «abgehauen» war; sie hatte sich aufgelöst und in alle Winde zerstreut; auch Hauptmann Fleischer verschwand mitsamt seinem Kommentar zur Apokalypse des Johannes.

Als sich Fritz Heidegger am Morgen des 22. April aufs Fahrrad schwang, läuteten die Kirchenglocken. Er dachte, sie läuteten zur Frühmesse; sie läuteten aber Alarm, da sich bereits Panzer Meßkirch näherten. Also fuhr er los. Eine Nachbarin, die alte Frau Benz, machte ihn auf den Panzeralarm aufmerksam, er antwortet ihr aber mit dem bekannten Wort des Götz von Berlichingen und fuhr weiter. Doch schon nach hundert Metern traf er auf den ersten französischen Panzer. Fritz Heidegger stieg vom Rad und stellte es an einen Baum. Er mußte in einem Jeep Platz nehmen. So kam es, daß die Meßkircher, die herbeieilten, um ihre Besatzer und Befreier zu sehen, nicht wenig erstaunten: in einem der ersten französischen Jeeps saß eine ihnen wohlbekannte Gestalt.

Der Jeep brachte Fritz Heidegger zum Krankenhauseck, der Sammelstelle für die gefangenen Soldaten. Dort sah ihn Dr. Bossert, ein elsässischer Tierarzt, der beim Nachbarn Zimmermann arbeitete. Bossert lenkte den Wachposten ab, so daß Fritz Heidegger im Haus des Gärtners Wolpert verschwinden konnte. Dort zog er seine Uniform aus und legte sich ins Bett; Wolperts verbrannten die Uniform und verständigten Fritzens Frau, die ihm Kleider brachte. Dann marschierte Fritz, als ob nichts geschehen wäre, über den Hofgarten nach Hause. Für ihn war der Krieg zu Ende.

Die französische Panzer-Kolonne war inzwischen die damals Adolf-Hitler-Straße genannte Friedrich-Ebert-Straße entlanggefahren und am «Grünen Baum» zum Stehen gekommen. Denn dort überreichte Bürgermeister Fischer den Stadtschlüssel an einen französischen Offizier; es war die Übergabe der Stadt. Dann zog die Kolonne zum Rathaus, um dieses zu besetzen und die Trikolore zu hissen.

21. Die deutsch-französische Freundschaft

Am 22. Februar 1945, dem schwärzesten Tag in der Geschichte von Meßkirch, wie es in einer Chronik heißt, war Jacques Doriot, Anführer der französischen faschistischen Partei PPF (Parti Populaire Français) unterwegs von der Insel Mainau, wo er sein Hauptquartier hatte, nach Mengen unweit von Meßkirch, wo seine Familie wohnte. Es sollte der Tag seines Triumphes werden: sein Ziel war nicht Mengen, von dort wollte er weiter nach Sigmaringen, wo er endlich die Macht der Vichy-Regierung entreißen wollte, die ihren Einfluß verloren hatte.

Nach der Eroberung von Frankreich im Jahre 1940 hatten die deutschen Behörden den südlichen Teil Frankreichs einer französischen Regierung überlassen, die im Kurort Vichy residierte und mit den Deutschen zusammenarbeitete. An der Spitze dieser Regierung stand der in Frankreich angesehene Marschall Philippe Pétain, ein Held des Ersten Weltkriegs, gewissermaßen der Hindenburg Frankreichs. Als im Juni 1944 die alliierten Truppen in der Normandie gelandet waren und immer rascher große Teile Frankreichs befreiten, wollten Präsident Pétain und sein Ministerpräsident Pierre Laval Kontakt mit General de Gaulle aufnehmen, der die französischen Truppen an der Seite der Alliierten befehligte.

Das war jedoch nicht im Sinne der Nationalsozialisten, die daraufhin die Regierung festnahmen und nach Belfort brachten. Pétain und Laval stellten sogleich aus Protest ihre Regierungstätigkeit ein. Die Deutschen bildeten eine neue Regierung aus Franzosen, die weiterhin zur Kollaboration bereit waren: Botschafter Fernand de Brinon war ihr Vorsitzender. Jacques Doriot, sonst ein treuer Anhänger der Nationalsozialisten, verweigerte seine Mitwirkung; er wollte selbst Anführer der Kollaboration sein und eine «Befreiung» Frankreichs von den alliierten Truppen ins Werk setzen.

Jacques Doriot, von Beruf Metallarbeiter, wurde 1898 in Saint-Denis, einem Pariser Vorort, geboren. Er trat bereits als Junge der

Kommunistischen Partei bei, machte rasch Karriere, wurde Leiter der Kommunistischen Jugend, Mitglied des Parlaments und schließlich sogar Mitglied des Exekutivkomitees der 3. Internationale. Mehrmals besuchte er Moskau, wo er auch Gespräche mit dem großen Führer der Arbeiterklasse Josef Stalin hatte. Auf einer Reise nach China sollen ihm erstmals Zweifel an der Weisheit der Moskauer Führung gekommen sein. Er setzte sich daraufhin für ein Bündnis mit den Sozialisten ein, was zu seinem Bruch mit Moskau führte. 1934 wurde er aus der KP ausgeschlossen. Kurz danach propagierte der Führer der KP Frankreichs Maurice Thorez die Linie Doriots als seine eigene: die Volksfront-Politik begann.

Doriot gründete 1936 eine neue Partei, die französische Volkspartei PPF, eine antikommunistische, autoritäre Sammlungsbewegung, die vor allem den Zweck hatte, ihrem Führer eine Machtposition zu verschaffen. Mit der Besetzung Frankreichs durch die Deutschen schlug Doriots große Stunde; er diente sich den Nationalsozialisten an und attackierte Pétain und dessen Regierung als zu schlaff. Mit einer Freiwilligen-Legion nahm er an den Kämpfen in Rußland teil und erhielt das Eiserne Kreuz. Doriot sei «persönlich korrupt und voll Zweideutigkeiten», so der damalige deutsche Botschafter Abetz in Paris. Er war einer der Glücksritter und Intriganten, die in der nationalsozialistischen und faschistischen Bewegung leicht Karriere machten, mit ihrer rücksichtslosen Radikalität aber genauso gut bei den Bolschewisten reüssiert hätten, wie Doriot ja gezeigt hatte. Dieter Wolf: «Jacques Doriot war eine ebenso abstoßende wie faszinierende Erscheinung, eine brutale Kraftnatur, ein Mann, der zeitlebens nur extreme Positionen bezog. So wenig ihm persönliche Tapferkeit, rednerische Begabung und soziales Einfühlungsvermögen abgesprochen werden können, so sicher ist, daß er im Laufe seiner ereignisreichen Karriere mehr und mehr auf Irrwege geriet, die in politisches Abenteurertum und in die Grenzzone endeten, wo Fanatismus und Kriminalität sich berühren.»

Im August 1944 nach dem Rückzug der deutschen Truppen war Doriot seinen eigenen Weg gegangen. Mit dem Gauleiter der

Saarpfalz, einem gewissen Joseph Bürckel, eine ihm nicht un-
ähnliche Figur, der sich als «Volkstumspolitiker» in Lothringen
unbeliebt gemacht hatte, traf er zusammen. In Neustadt an der
Weinstraße, wo Doriot seine französischen Getreuen versammelte, feierte man Saufgelage und Orgien. Viel mehr war nicht zu
tun. Doriot hielt zwar eine Parteiversammlung ab und sprach
vom Aufbau einer illegalen Parteistruktur in Frankreich, aber das
waren nur leere Worte. Bürckel sah das Ende voraus und nahm es
vorweg: er beging Selbstmord. Daraufhin zog Doriot ins immer
noch sichere Südbaden. Auf der Insel Mainau richtete er sich ein
mit seinem Stab und einer Geliebten. Seine Familie schickte er
mit anderen Getreuen nach Mengen, wo ein Hotel ihnen Unter-
schlupf bot. In Konstanz gab er eine Zeitung heraus: «Le petit Parisien», die außer seinen wenigen Getreuen niemand las. Von hier
aus intrigierte er gegen die Reste der Vichy-Regierung, die mitt-
lerweile im Schloß von Sigmaringen gelandet waren. Er wollte
endlich an die Macht.

Hitler selbst soll Schloß Sigmaringen als Residenz für Pétain
und Laval beschlossen haben. Der Fürst von Sigmaringen-
Hohenzollern, der das Schloß bewohnte, wurde kurzerhand in
Schutzhaft genommen – Mitte November ließ man ihn wieder
frei – und der Marschall konnte einziehen. Ab 17. September 1944
wehte die Trikolore auf dem Schloß. Pétain und Laval waren die
sogenannte schlafende Regierung. Sie lehnten es weiterhin ab, tätig zu sein, und verbrachten ihre Tage mit Essen und Trinken und
kleinen Ausflügen in die Umgebung; dabei besuchten sie auch
Kloster Beuron und Burg Wildenstein.

Die aktiven Mitglieder der Regierungskommission bezogen die
anderen repräsentativen Gebäude der Stadt, die schließlich einmal Residenzstadt gewesen war. So wurde für ein halbes Jahr das
Theater einer selbständigen französischen Regierung in Sigmaringen aufgeführt. Eine Regierung mit Verteidigungs-, Innen-
und Außenminister, mit einer Truppe von Milizionären, die zur
Flaggenparade aufzogen, schließlich mit Vertretern der befreundeten Mächte Italien, Japan und Deutschland. Ja, auch ein deutscher Botschafter war in Sigmaringen akkreditiert. Der italieni-

sche Konsul residierte übrigens in Meßkirch und brachte so ein wenig Glanz vom Regierungssitz Sigmaringen dorthin.

In Sigmaringen erschien auch eine Tageszeitung «La France», und jeden Abend strahlte ein Sender mit dem Namen «Ici la France» sein Programm aus. Immer mehr Flüchtlinge kamen aus Frankreich, Kollaborateure, die mit Recht die Rache ihrer Landsleute fürchteten. Viele kamen in Wagen, waren also so arm nicht. Etwa 1600 Franzosen lebten Anfang Januar in der kleinen Stadt, die sich zu einer französischen Provinzstadt wandelte.

Währenddessen war «le grand Jacques», wie seine Anhänger Doriot nannten, nicht untätig. Auch ihm hatte man einen Sender bewilligt: «Radio Patrie» sendete von Bad Mergentheim aus. Schließlich schienen Doriots Wünsche sich zu erfüllen, zwei Monate vor Kriegsende. Das Befreiungskomitee, das er ausgerufen hatte, sollte alle Kräfte sammeln. De Brinon stimmte zu. Just am 22. Februar 1945 sollte es zu einer Einheitsfront in Sigmaringen kommen. «Le petit Parisien» hatte an diesem Tag mit der Schlagzeile aufgemacht: «L' unité revolutionaire française se réalise». Es war Doriots altes Volksfrontprogramm: die französische revolutionäre Einheit verwirklicht sich.

Der 22. Februar 1945 war der Tag des Bombenangriffs auf Meßkirch. Amerikanische Jagdflugzeuge bombardierten die Verkehrswege. Das Auto von Doriot wurde hinter Meßkirch, kurz vor Mengen, von zwei Tieffliegern angegriffen. Doriot war sofort tot, seine Sekretärin und sein Fahrer wurden schwer verletzt. Da das Datum des Todes mit dem Datum des Treffens in Sigmaringen übereinstimmt, gab es Spekulationen, sein Tod sei nicht zufällig an diesem Tag erfolgt. Wurde seine Fahrt verraten? Ist der Angriff der amerikanischen Flugzeuge an diesem Tag auf die Verkehrswege von Singen bis Ulm, wo die meisten französischen Milizionäre lagen, mit der Absicht erfolgt, Doriot und seine Volksfront zu treffen? Es könnte sein. Unwahrscheinlich ist dagegen, was andere meinen, daß die Urheber des Angriffs in Berlin zu suchen seien. Reichsleiter Bormann habe den lästigen Doriot beiseite schaffen wollen. Dagegen spricht, daß deutsche Flugzeuge nicht in der Luft waren, die von den amerikanischen Flugzeugen gänz-

lich beherrscht wurde. Fast tausend Einsätze flog die US-Luft-
waffe an diesem Tag; sie legte das gesamte Bahnnetz in der Süd-
westecke Deutschlands lahm.

Die Beerdigung von Doriot in Mengen am 25. Februar wurde
zu einer letzten Manifestation der deutsch-französischen Kollaboration: bis auf Pétain und Laval fehlte keine der Sigmaringer
Größen, Reden wurden gehalten, und in «La France» erschien
ein Nachruf von Luchaire, er war schließlich zuständig als Infor-
mationsminister. Noch am 25. März fand eine öffentliche Kundgebung des sogenannten Befreiungskomitees in Sigmaringen
statt, dann lief alles auseinander. Die französischen Truppen nah-
ten. Die Prominenz, die Geld und Benzin hatte, flüchtete nach
Süden in die Alpen, die anderen fielen den französischen Truppen in die Hände. Der Schriftsteller Louis-Ferdinand Celine, zy-
nischer Beobachter und genießerischer Teilhaber des Theaters in
Sigmaringen, hatte sich noch rechtzeitig nach Dänemark abge-
setzt.

Am 22. April gegen 10 Uhr fuhren die ersten französischen
Soldaten in Sigmaringen ein, Widerstand gab es nicht. Die Trikolore, die kurz zuvor eingeholt worden war, wurde wiederum auf
dem Schloß gehißt. Die meisten Mitglieder der Sigmaringer Regierung, die man später ergriff, wurden hingerichtet: Laval, de
Brinon, Darand, Luchaire. Auch Pétain wurde zum Tode verurteilt, aber von General de Gaulle begnadigt; er starb 1951 in der
Verbannung.

> «Jetzt komme, Feuer!
> Begierig sind wir,
> Zu schauen den Tag,
> Und wenn die Prüfung
> Ist durch die Knie gegangen,
> Mag einer spüren das Waldgeschrei.»

Die Prüfung, von der hier Hölderlin am Beginn seiner Hymne
«Der Ister» spricht, stand den auf der Burg Wildenstein bei Sigmaringen verbliebenen Resten der Universität Freiburg noch be-

vor. Zwar war unten beim Kloster Beuron ein Lazarett eingerichtet worden, in dem täglich neue Verwundete eintrafen, aber
oben auf der Burg las man immer noch Hölderlin, Kant und
mittelalterliche Geschichte. Martin Heidegger blieb dort noch in
Sicherheit, bis am 24. Juni mit einem Fest das merkwürdige Sommersemester sein Ende fand. Die Dorfbewohner waren eingeladen und brachten Lebensmittel mit und Wein. Drei Tage später
im nahegelegenen Forsthaus Hausen des Prinzen von Sachsen-
Meiningen hielt Heidegger noch einmal einen Vortrag, den letzten für einige Jahre. Nach einem Klavierkonzert sprach er über
Hölderlins Satz: «Es concentriert sich bei uns alles aufs Geistige,
wir sind arm geworden, um reich zu werden.»

In Freiburg waren unterdessen die Franzosen eingerückt, Heidegger galt als Nazi und mußte mit Sanktionen rechnen. Es ging
zunächst um sein Haus und seine Bibliothek, doch drohte Schlim-
meres. Der belastete Romanist Hugo Friedrich war schon verhaftet worden. Zum ersten und letzten Mal in seinem Leben blickte
der Existenzphilosoph in einen Abgrund: in den Abgrund seiner
Deklassierung. Deshalb beschritt er einen Weg, der dem katholischen Bub einst gewiesen worden war. Er suchte Rat und Hilfe bei
der Kirche. Er ging zum Erzbischof von Freiburg, zu Conrad
Gröber aus Meßkirch. Als sie den Philosophen eintreten sah, soll
die Schwester Maria des Erzbischofs gesagt haben: «Ach, der
Martin isch au mal wieder bei uns. Zwölf Jahre isch er nicht ge-
komme.» Und der soll geantwortet haben: «Marie, ich habe es
schwer gebüßt. Mit mir ist es jetzt zu Ende.»

So amüsant die Anekdote klingt, Heidegger war es durchaus
ernst. Er erlitt 1946 einen Zusammenbruch. Jetzt wird ihn all das
eingeholt haben, was in den letzten Jahren geschehen war und
worüber er auch später kaum sprechen konnte. Eine Behandlung
beim Psychiater Viktor von Gebsattel half ihm. Er war noch nicht
am Ende, wie er geglaubt hatte, seine weltweite Wirkung begann
erst.

Auch der Erzbischof setzte sich für ihn ein, nicht ohne Genugtuung, einen reuigen Sünder an seiner Schwelle zu sehen. Martin
Heidegger erhielt lediglich Lehrverbot bis 1949. «Ich habe ihm

die Wahrheit gesagt, und er hat es unter Tränen entgegengenommen. Ich breche die Beziehungen zu ihm nicht ab, denn ich hoffe auf einen geistigen Umschwung bei ihm», schrieb der Erzbischof in seinem Lagebericht an den Pater Leiber in den Vatikan, sicherlich auch, um sich selbst ins rechte Licht zu rücken, denn sein Verhalten nach 1933 hatte ihm dort nicht nur Freunde gemacht. Martin Heidegger besuchte übrigens den Erzbischof noch einige Male, zuletzt drei Wochen vor dessen plötzlichem Tod am 14. Februar 1948.

Während die Kollegen der Universität Martin Heidegger mehr bedrängten als die französische Militärregierung, besuchten ihn französische Verehrer, denn schon in den dreißiger Jahren war er unter Kennern in Frankreich ein geachteter Denker. Der junge Alain Resnais, der spätere Filmregisseur, kam im Herbst 1945 zu ihm und Frédéric de Towarnicki, ein Kulturbeauftragter der französischen Armee, der eine Begegnung zwischen Heidegger und Sartre erreichen wollte; Jean-Paul Sartres Werk «Das Sein und das Nichts» ist ohne Heideggers «Sein und Zeit» nicht denkbar. Die Begegnung kam nicht zustande, aber eine andere, für Heidegger zukunftsträchtigere: die mit Jean Beaufret.

Ausgerechnet am 6. Juni 1944, am Tag, an dem die Landung der Alliierten in der Normandie begann, so berichtete Beaufret, habe er zum ersten Mal den Eindruck gehabt, Heidegger verstanden zu haben. Die Freude darüber sei größer gewesen als die über die Landung der Alliierten; vielleicht war diese ihm auch nicht so wichtig. Jedenfalls schickte Beaufret noch im Sommer 1945 über einen befreundeten Offizier einen enthusiastischen Brief an Heidegger. Der lud ihn zu sich ein.

Im September 1946 kam es zum ersten Besuch Beaufrets in Freiburg, dem noch viele folgen sollten. Jean Beaufret, Professor für Philosophie in Lyon, später in Paris, wurde der Prophet Heideggers in Frankreich. Durch ihn lernte Heidegger René Char kennen, in dessen Haus in der Provence er mehrere Seminare hielt. Und die bedeutenden französischen Philosophen setzten sich mit ihm auf höchst unterschiedliche Weise auseinander: nach Sartre auch Maurice Merleau-Ponty, Paul Ricœur und Emmanuel Lévinas.

Seinen Brief «Über den Humanismus», Versuch einer knappen Zusammenfassung seines philosophischen Standpunkts, schrieb Martin Heidegger im Herbst 1946 an Jean Beaufret: «Nötig ist in der jetzigen Weltnot: weniger Philosophie, aber mehr Achtsamkeit des Denkens; weniger Literatur, aber mehr Pflege des Buchstabens.»

22. Der Humanismus

In seinem umfangreichen Brief an Jean Beaufret skizziert Martin Heidegger das, was man üblicherweise unter Humanismus versteht; er geht damit auf Beaufrets Frage, die dieser nach der Barbarei der Nazizeit stellt, ein: «Wie kann man dem Wort Humanismus einen neuen Sinn geben?» Heidegger: «Versteht man unter Humanismus allgemein die Bemühung darum, daß der Mensch frei werde für seine Menschlichkeit und darin seine Würde finde, dann ist je nach der Auffassung der ‹Freiheit› und der ‹Natur› des Menschen der Humanismus verschieden.»

Immer aber sei der Humanismus durch eine Rückwendung zur griechischen Geschichte begründet worden, und zwar zu deren Spätzeit, so schon im Römischen Reich, als die Römer ihre Virtus, Tugend, durch die griechische Paideia, Bildung, ergänzt hätten. So in der «sogenannten Renaissance», der – wie der französische Name sagt – «Wiedergeburt» der Antike. Schließlich im deutschen Humanismus des 18. Jahrhunderts durch Winckelmann, Goethe und Schiller. Hölderlin gehöre nicht dazu, «weil er das Geschick des Menschen anfänglicher denkt» – wie Heidegger selbst es tut, wird hier der Kenner hinzufügen. Auch das Christentum sei ein Humanismus, meint Heidegger, insofern es das menschliche Leben auf das Seelenheil, das ewige Heil (salus aeterna) jedes Menschen ausrichte.

Alle diese Humanismen sind also durch eine bestimmte Auffassung der Natur, der Geschichte, der Welt begründet, «das heißt des Seienden im Ganzen». Sie haben also ihren Grund in einer

Metaphysik (philosophischen Grundlegung) oder bildeten selbst den Grund einer solchen. Jegliche Metaphysik beschäftigt sich aber nur mit dem Seienden und nicht mit dem Sein, meint Heidegger. «Die Metaphysik stellt zwar das Seiende in seinem Sein vor und denkt so auch das Sein des Seienden. Aber sie denkt nicht das Sein als solches, denkt nicht den Unterschied beider. ... Die Metaphysik fragt nicht nach der Wahrheit des Seins selbst. Sie fragt daher auch nie, in welcher Weise das Wesen des Menschen zur Wahrheit des Seins gehört.» Das Wesen des Menschen muß aber die Grundlage eines Humanismus sein, es muß aus der Wahrheit des Seins erfahren werden. Das aber ist der Metaphysik laut Heidegger verschlossen: «Diese Frage hat die Metaphysik nicht nur bisher nicht gestellt. Diese Frage ist der Metaphysik als Metaphysik unzugänglich.»

Deshalb verwirft Heidegger jegliche bisherige Metaphysik und die Metaphysik überhaupt. Das, was er betreibt, hält er für etwas anderes: «Keine Metaphysik ... kann ihrem Wesen nach und keineswegs nur in den versuchten Anstrengungen, sich zu entfalten, das Geschick noch ein-holen, dies meint: es denkend erreichen und versammeln, was in einem erfüllten Sinn von Sein jetzt ist.» Der «wesenhaft heimatlose» Mensch muß erst «in die Wahrheit des Seins» finden, damit er zu sich selbst kommt. Wie soll das geschehen?

Das Sein ist nicht das Seiende, sondern das Seiende ist Ausfluß des Seins. Was aber ist das Sein, sozusagen der Urgrund alles Seienden? «Soll aber der Mensch noch einmal in die Nähe des Seins finden, dann muß er zuvor lernen, im Namenlosen zu existieren. Er muß in gleicher Weise sowohl die Verführung durch die Öffentlichkeit als auch die Ohnmacht des Privaten erkennen.» Kurz, der Mensch muß alles fahrenlassen, was ihn bisher bestimmte – sowohl die öffentlichen als auch die privaten Dinge – und alles vergessen, was er bisher wußte, auch die Geschichte der Philosophie. Alles loslassen, alles hinter sich zurücklassen, das ist eine so neue Haltung nicht, wie Heidegger sie hier darstellt; es ist die aus der Mystik bekannte Haltung, die der Mystiker, der nicht das Sein, sondern Gott erfahren will, auf sich nehmen muß. Er muß sich von allem frei machen, leer machen wie ein Gefäß, damit dann die Erleuchtung ihn erfüllen kann. Ersetzt man die Heideggersche Begrifflichkeit durch die traditionellen Begriffe der christlichen Mystik, wird die Ähnlichkeit bald offensichtlich.

Heideggers Schwierigkeit, das Sein zu bezeichnen, ist der Schwierigkeit des Mystikers vergleichbar, die göttliche Erleuchtung, wenn er sie denn erreicht hat, in Worten einzuholen. Er behilft sich wie Heidegger: mit Tautologien, Paradoxa und Metaphern. Heidegger: «Doch das Sein – was ist das Sein? Es ist Es selbst. Dies zu erfahren und zu sagen, muß das künftige Denken lernen. Das ‹Sein› – das ist nicht Gott und nicht ein Weltgrund. Das Sein ist wesenhaft weiter denn alles Seiende und ist gleichwohl dem Menschen näher als jedes Seiende, sei dies ein Fels, ein Tier, ein Kunstwerk, eine Maschine, sei es ein Engel oder Gott. Das Sein ist das Nächste. Doch die Nähe bleibt dem Menschen am fernsten.» Gott ist nicht das Sein, er ist ein Seiendes. Das Sein ist höher noch als Gott, den es hervorbringt wie alles andere Seiende auch. Dieses Sein ließe sich mit der «Gottheit» vergleichen, wie der mittelalterliche Mystiker Meister Eckhart sagt, die jenseits des Geschaffenen ist, auch jenseits Gottes, der Teil des Geschaffenen ist, wenn auch ihr höchster: die «Gottheit» ist der Ursprung und Urgrund.

Dieses Sein gilt es also denkend zu erreichen: «Das Denken baut am Haus des Seins, als welches die Fuge des Seins je geschickhaft das Wesen des Menschen in das Wohnen in der Wahrheit des Seins verfügt. Dieses Wohnen ist das Wesen des In-der-Welt-seins.» Bei Martin Heidegger wird, könnte man sagen, die Metaphysik durch die Metaphorik abgelöst. Seine Bilder formt er mit einem großen Vertrauen auf die Kraft der Sprache. Denn wenn es sich überhaupt zeigt, wo kann sich das Sein zeigen, wenn nicht in der Sprache? Bliebe es sprachlos und machte es den, der es erfährt, sprachlos, dann wäre dies tatsächlich das Ende der Philosophie, auch das Ende des Denkens im Sinne Heideggers: es ließe sich nicht darüber reden. Es ließe sich keine Vorlesung, kein Vortrag und keine Abhandlung darüber schreiben.

In der Tat bringen späte Abhandlungen Heideggers kein Denken des Seins, sondern ein Hinführen zu diesem Denken, auch durch Abbau von bisherigen Schranken, die sich diesem Denken entgegenstellen. Es ist ein Wegräumen des Hinderlichen, ein Hinführen zum Wesentlichen. So ist schließlich auch dem wortgewaltigen Heidegger die Rede schwergeworden. Das zeigen nicht nur seine metaphorischen Anstrengungen, seine neuen Wortbildungen oder neuen Wortbedeutungen, das zeigen auch seine Interpretationen von Texten der Dichter: an deren Werk, besonders dem Hölderlins, aber auch dem Rilkes oder Trakls, kann er noch explizieren, was sich sonst der Explikation verschließt. «Das Denken sammelt die Sprache in das einfache Sagen. Die Sprache ist so die Sprache des Seins, wie die Wolken die Wolken des Himmels sind. Das Denken legt mit seinem Sagen unscheinbare Furchen in die Sprache. Sie sind noch unscheinbarer als die Furchen, die der Landmann langsamen Schrittes durch das Feld zieht.» So endet der Brief an Jean Beaufret.

Was aber bedeutet dies für den Humanismus 1946? Die Probleme sind konkret. Die Trümmer liegen auf der Straße, die inneren Zerstörungen sind weniger offensichtlich, das wahre Ausmaß der Massenmorde wird jetzt erst bekannt. Müssen wir warten, bis sich das Sein uns zeigt, einem Einzelnen, jedem Einzelnen? Müssen wir so lange im Namenlosen ausharren? Aber: Spricht man nicht auch vom namenlosen Elend? Und hat das, was von 1933 bis 1945 geschah, nicht viele sprachlos gemacht? Doch das ist nicht die Sprachlosigkeit, von der Heidegger hier spricht.

Heidegger bewegt sich auf einer anderen Ebene, auf einer der philosophischen Grundlegung, die als Anleitung zum Humanismus zunächst und lange nichts bringt. Er hat, könnte man mit Hannah Arendt sagen, ein Problem der «vita activa» zu einem Problem der «vita contemplativa» gemacht, statt der «Liebe zum Guten» hat er sich der «Liebe zur Weisheit» verschrieben. Er hat sich in seinem Brief als Denker behauptet, indem er die Problematik auf die Ebene führte, auf der er Meister ist. Einer anderen, der des konkreten Handelns, ist er hier ausgewichen wie sonst. Er hat sich behauptet, doch wie behaupten wir uns in dieser von der Barbarei versehrten Welt? Was tun? Hier und heute?

Der Humanismus ist eher eine Haltung als eine Philosophie, mag er auch aus der Philosophie und der Religion kommen, weil er immer auch die Forderung nach Humanität, nach Menschlichkeit enthält. Er erörtert nicht nur die Frage nach dem Sein von Mensch und Welt, sondern auch die Frage nach dem rechten Leben: wie kann der Mensch dem Menschen ein Mensch sein? Die mit der Humanität gemeinte Solidarität oder Mitmenschlichkeit wird dabei gerade aus der Heimatlosigkeit und aus der Hinfälligkeit, dem allen Menschen Gemeinsamen, abgeleitet. An dieser Stelle ist ein Blick auf Hannah Arendts wichtiges Werk «Vita activa» nützlicher als auf die Schriften ihres geliebten Lehrers.

Sie beschreibt an einer Stelle die «moderne Bezauberung» von den kleinen Dingen, die sich dem «vereinfachenden Blick der Gewohnheit entziehen» mit Sätzen aus einem berühmten Text, dem Brief des Lord Chandos von Hugo von Hofmannsthal aus dem Jahre 1902. In diesem Brief berichtet der Lord, wie ihm jedes gewohnte Sprechen, nicht nur das literarische und philosophische, verdächtig und schließlich unmöglich wird, bis ihm «die Worte wie modrige Pilze im Munde» zerfallen, so daß er überhaupt nicht mehr sprechen kann. Er ist also «im Namenlosen» angekommen und sieht nun im Seienden das Sein, könnte man sagen. Sonst nie beachtete Dinge wie eine Gießkanne, eine auf dem Feld verlassene Egge, ein Hund in der Sonne – alles dies konnte ihm «Gefäß einer Offenbarung» werden. Dieses Glück des erfüllten Augenblicks nennt Hannah Arendt nun aber nicht – wie sonst üblich – einen mystischen Moment, sie nennt es «le petit bonheur», das kleine Glück, die «eigentümlich bezaubernde Zärtlichkeit des französischen Alltags». Glücklich zu sein in den eigenen vier Wänden, zwischen Bett, Schrank und Stuhl: «Die zärtliche Sorgfalt und Vorsorge, die in diesem engsten Bereich waltet, mag wohl in einer Welt, deren rapide Industrialisierung ständig die Dinge des gewohnten Gestern zerstört, um Platz zu schaffen für die Erzeugung des Neuen, anmuten, als habe sich hierhin die letzte, rein menschliche Freude an der Welt der Dinge geflüchtet.»

Ist dies nicht auch eine Beschreibung des Glücks, das Heidegger in seiner Hütte in Todtnauberg genießt: das einfache Leben, die Freude an den kleinen Dingen? Dort ist er dem Wesentlichen nahe, dort ist die hohe Zeit der Philosophie. Dort denkt er das Sein? Ist es nicht vielmehr «le petit bonheur», das er erlebt? Hannah Arendt teilt dieses kleine Glück dem privaten Bereich zu. Daß es in Frankreich dermaßen dominiere, sei ein Zeichen dafür, daß den Franzosen das Öffentliche fast völlig entschwunden sei.

Hannah Arendt beschäftigt sich in ihrer «Vita activa» auch mit dem Phänomen des Guten und des Bösen, mit denen Heidegger sich nicht befaßt. Seine Philosophie bewegt sich «jenseits von Gut und Böse». Wer das Sein denkt, hat diese moralischen Kategorien hinter sich gelassen, notwendig hinter sich gelassen. Wer jedoch in der Welt steht, ist mit ihnen fast täglich konfrontiert. Hannah Arendt: «Das Phänomen der Güte in einem absoluten Sinne – als etwas, das weder dem Ausgezeichneten und Hervorragenden noch dem einfach Nützlichen entspricht – kennt man in der Geschichte des Abendlandes erst seit der Entstehung des Christentums.» Das «Tun guter Werke» ist erst seitdem eine der «wesentlichen Möglichkeiten menschlichen Handelns». Seinen Ursprung hat dieses Tun guter Werke in einer Gestalt, die im Werk Heideggers nicht vorkommt, wohl aber in der Dichtung Hölderlins: in Jesus Christus. Hannah Arendt: «Die einzige Tätigkeit, die Jesus nachweislich in Wort und Tat gelehrt hat, ist tätige Güte.» Das ewige Heil, das Heidegger im Humanismus-Brief als Ziel des Christentums bezeichnet, wird nicht zuletzt durch diese Güte erstrebt. So faßt Hannah Arendt in zwei Worten eine der wichtigsten Botschaften des Neuen Testaments: tätige Güte, eine Botschaft, die auch Nicht-Christen als humane werden akzeptieren können.

Diese tätige Güte, die im verborgenen wirkt, zeigte sich in Freiburg auch während der schweren Zeit des Nationalsozialismus bei einigen Christen wie Nicht-Christen. Es waren nur wenige. So etwa eine Kommunistin Frau Carola Kistner, später Blumenverkäuferin auf dem Münsterplatz, die in einer Waldarbeiterhütte im Schauinslandgebiet den Freiburger Mathematikprofessor Paul Salomon versteckte, dem sonst der Tod sicher gewesen wäre.

Oder der Psychiatrieprofessor Kurt Beringer, der in seiner Freiburger Klinik bedrohten Menschen Schutz gab.

Auch der Erzbischof Gröber wurde tätig. Er beauftragte Frau Dr. Gertrud Luckner mit der Unterstützung verfolgter Juden und Judenchristen. Von 1940 an half Frau Luckner, wo sie konnte, es war wenig genug; viele konnte sie nur trösten, manchen aber konnte sie zu einem Versteck verhelfen oder zum Übertritt in die Schweiz. Der Gestapo blieb ihre Tätigkeit nicht verborgen. Im März 1943 wurde sie verhaftet und neun Wochen lang verhört: wer sie beauftragt, wer ihr geholfen, wer ihr so viel Geld gegeben habe. Sie antwortete immer nur: Erzbischof Gröber. Doch den mußte die Gestapo schonen, die Abrechnung wurde auf den Endsieg verschoben. An den Priestern des Erzbistums hielt sie sich schadlos: 483 Geistliche des Erzbistums Freiburg kamen in Konflikt mit dem Nationalsozialismus, 152 von ihnen erhielten Freiheitsstrafen, 25 kamen ins KZ, von denen nur 12 überlebten. Auch Gertrud Luckner kam ins KZ Ravensbrück. Gröber versuchte durch Briefe und Bittgesuche ihr zu helfen. Vergeblich. Sie überlebte und konnte später ihre Akten einsehen. Diesen Akten zufolge hatte die Gestapo in einem Bericht vom 19. August 1942 dem Erzbischof ein schönes Zeugnis ausgestellt:

«Die bisherigen Ermittlungen haben somit einwandfrei ergeben, daß die katholische Kirche in Deutschland in betonter Ablehnung der deutschen Judenpolitik systematisch die Juden unterstützt, ihnen bei der Flucht behilflich ist und kein Mittel scheut, ihnen nicht nur die Lebensweise zu erleichtern, sondern ihnen auch illegalen Aufenthalt im Reichsgebiet möglich zu machen. Die mit der Durchführung dieser Aufgaben betrauten Personen genießen weitestgehende Unterstützung des Episkopats und gehen sogar so weit, deutschen Volksgenossen und deutschen Kindern die ohnehin knapp bemessenen Lebensmittelrationen zu schmälern, um sie Juden zuzustecken.»

23. Die Volksbank

Im Jahre 1964 feierte die Volksbank Meßkirch ihr hundertjähriges Bestehen, Anlaß für eine Festschrift mit Geleitworten des Deutschen Genossenschaftsverbandes, der Industrie- und Handelskammer Konstanz, des Landrats des Kreises Stockach und des Bürgermeisters von Meßkirch. Die Schrift selbst verfaßte Fritz Heidegger; es ist sein größtes zu seinen Lebzeiten veröffentlichtes Werk.

Er beginnt ausgerechnet mit einem Lenin-Zitat: «Um die bürgerliche Gesellschaft zu zerstören, muß man ihr Geldwesen verwüsten.» Dem folgen weitere Zitate, eines von Bacon: «Reichtum ist wie Stallmist, er nützt nur, wenn man ihn ausstreut.» Und eines von Ricardo, das die wichtige Unterscheidung von Geld und Kapital bringt: «Es besteht ein erheblicher Unterschied zwischen Geld und Kapital; aber das Geld kann Kapital werden, ein produziertes Produktionsmittel.» Das ist Fritz Heidegger wichtig, denn er fügt hinzu: Geld und Kapital sind aufeinander angewiesen; Geld wird zu Kapital und aus dem Kapital sprudelt Geld wie der Most aus dem Faß. Dies scheint in seinem Sinne: das Geld soll als Kapital angelegt werden, damit es «sprudelt».

Zugleich sieht er die Verwüstung der Geldwirtschaft durch den Staat in den letzten zwei Jahrhunderten. Dafür bringt er Beispiele, die er mit einem Zitat von Walter Eucken zusammenfaßt: «Immer wieder hat der Staat durch Mißbrauch des Geldes, durch Veränderungen des Geldwertes Riesenkatastrophen verursacht, denen gegenüber Geld- und Machtmißbräuche einzelner Menschen zur Bedeutungslosigkeit herabsinken. Die ganze Währungsgeschichte ist erfüllt vom Machtmißbrauch.»

Damit hat er die Gesichtspunkte dargelegt, unter denen er die bescheidene Geschichte der Volksbank Meßkirch abhandelt. Ausgangspunkt ist für ihn die Not der Bevölkerung, und Zielpunkt ist für ihn der Versuch, diese Not, die auch eine Kreditnot ist, zu lindern, nicht zuletzt durch Kredite. Die Not ist in der Regel nicht das Ergebnis des Handelns oder Unterlassens der kleinen Leute von Meßkirch und anderswo, sondern Ausdruck einer allgemeinen technisch-industriellen Entwicklung oder einer staatlichen Mißwirtschaft, eines Krieges oder einer falschen Geldpolitik. So sind die kleinen Leute durchweg die Leidtragenden von Entwicklungen, die sie nicht beeinflussen können, die sie oft nicht einmal verstehen, die sie hinnehmen müssen wie schlechtes Wetter und karge Ernte.

Fritz Heidegger schildert zunächst die Armut als eine Erscheinung des Übergangs zu Beginn des 19. Jahrhunderts, des Übergangs vom alten Zunft- und Handwerkswesen zur neueren kapitalintensiven Industrialisierung. Das führte zur Zersetzung des Mittelstandes, wie er sagt, und zu einem Elend ungeheuren Ausmaßes. Die Handwerker wurden arbeitslos oder unselbständig. «Es war ein Verzweiflungskampf.» Über drei Millionen Deutsche wanderten im Laufe des 19. Jahrhunderts nach Amerika aus. «Das Volk selbst, vor allem auch auf dem Lande, stand in scharfer Opposition zur modernen Technik, diesem angeblichen Teufelswerk.» Viele lebten noch in der Beschaulichkeit des Biedermeier, die sie mit aller Kraft festhalten wollten. Dagegen wuchs erst allmählich die Erkenntnis bei einigen: «Wir müssen die Technik bejahen und langsam in den maschinellen Betrieb hineinwachsen. Aber wer hilft uns dabei? Woher bekommen wir den nötigen Betriebskredit? Wer gibt uns ein langfristiges Darlehen? Vom Obrigkeitsstaat, der von jeher jede persönliche Initiative im Keim erstickte, war nichts Ersprießliches zu erwarten.» So Fritz Heidegger.

Hier kam dem Amtsrichter Hermann Schulze in der Stadt Delitzsch, deshalb auch Schulze-Delitzsch genannt, die rettende Idee: Hilfe durch Selbsthilfe. Schulze-Delitzsch wurde zum Begründer des Genossenschaftswesens. Man tat sich zusammen, gründete einen Verein, jeder zahlte einen kleinen Betrag ein und so half man sich gegenseitig: es entstanden Konsumvereine, Absatzvereine, Rohstoffgenossenschaften und 1850 der erste «Vorschußverein», eine genossenschaftliche Bank, die den Handwerkern und den Bauern billige Kredite zur Verfügung stellte. So kam es auch zur Gründung des «Vorschußvereins» in Meßkirch, eine der ältesten Kreditgenossenschaften Badens, am 1. April

1864: 32 Bürger der Stadt fanden sich zusammen. Vorsitzender wurde der Oberamtmann von Stoesser, der Anreger des Vereins, Mitglieder des Aufsichtsrats wurden der Löwen-Wirt Beck, der Adler-Wirt Roder und der Schreiner Gröber.

Zunächst fehlte es auch dem Vorschußverein an Kapital, aber nach und nach konnte er genug ansammeln, um günstige Kredite an Bauern und Gewerbetreibende zu geben. So konnte der «entsetzlichen Kreditnot» abgeholfen werden, wie Fritz Heidegger schreibt: «Ein armer Schuster z. B. sah auf einmal, daß er nicht mehr unter Furcht und Zittern einen reichen Geldmann anzupumpen brauchte, oft vielleicht gegen Wucherzinsen von 15 bis 20 Prozent. Jetzt konnte jedermann bei seiner Kasse zu einem billigen Zins 30, 50, 100 Mark bekommen, wenn er in einer prekären Lage war; er mußte sich nur an die einfachen Statuten halten.»

Der Vorschußverein Meßkirch gedieh gut, bis es in den siebziger Jahren zu einer Spaltung kam; Grund war die Auseinandersetzung zwischen Altkatholiken und römischen Katholiken; letztere trennten sich vom Vorschußverein und gründeten ihre eigene «Kreditkasse Meßkirch», maßgebend waren Alois Gröber, Friedrich Stadler und der Pfarrverweser Kunz. Bei dieser Kreditkasse arbeitete Fritz Heidegger bis zum Jahre 1942, als es zur Wiedervereinigung von Kreditkasse und Vorschußverein kam, der bereits seit 1920 Volksbank Meßkirch hieß – und so hieß denn auch das vereinte Institut. Kassier und damit Mitglied des Vorstandes wurde Fritz Heidegger.

Doch zunächst erlebten Vorschußverein und Kreditkasse das Auf und Ab der Konjunktur in Deutschland. Den Krach der Gründerjahre überstanden sie ganz gut, wenn er auch zu Konsequenzen führte, die ein Bankmann aus Mannheim vorschlug: «Die Neujahrsrechnung abschaffen, spätestens vierteljährlich Rechnungen verschicken; dadurch wird der leichtfertige Konsum verringert; das Zuviel-Aufschreiben ist gefährlich; Zahlungen erfolgen oft erst nach 2 bis 3 Jahren; das Reizmittel eines Skontos von 5 Prozent einführen.» Fritz Heidegger faßt das zusammen: also mehr Bargeld und weniger Gutmütigkeit.

Nach dem wirtschaftlichen Niedergang in den achtziger Jahren des 19. Jahrhunderts kam es im letzten Jahrzehnt zu einer Hochkonjunktur. Bis 1914 erreichte die wirtschaftliche Blüte ihren Höhepunkt. «Das Geld regierte wie ein weiser und gerechter Herrscher», schreibt Fritz Heidegger. «Wer sparte und kalkulierte, den Pfennig ehrte, stand in seiner Gunst. Wer das Geld verwirtschaftete, auf zu hohem Fuß lebte und sein eigenes Können überforderte, ging unbarmherzig zugrunde.» Hinzu kam die internationale Freizügigkeit, Reisen ohne Visum und Paß waren überallhin möglich, und das Geld konnte in jedem Land ohne Schwierigkeiten umgetauscht werden. «Die gute alte Zeit» fand mit dem Kriegsbeginn ihr Ende.

Der Kriegsausbruch führte zum Drucken von Geld ohne Golddeckung. Die Goldbestände der Reichsbank hätten für einen Blitzkrieg gereicht, für mehr nicht. Das Ergebnis ist bekannt. So mußten auch die brav wirtschaftenden Meßkircher den leichtfertigen Ruin des Deutschen Reiches bezahlen, auch der Vorschußverein und die Kreditkasse. Es kam zur Inflation, zu einer zunächst schleichenden, dann offensichtlichen Geldentwertung, die schließlich ungeheuerliche Ausmaße annahm. Der Wert der Mark war nur am Vergleich mit dem Dollar zu erkennen, er verschlechterte sich ab 1922 ständig, so daß in Meßkirch die Kaufleute oft ihren Laden schlossen und erst wieder öffneten, wenn sie den neuen Kurs erfahren hatten. Dann setzten sie die Preise entsprechend höher. Für einen Dollar mußte man bald eine Million Mark und mehr ausgeben. Für die Banken bedeutete das: wer gibt, verliert, wer nimmt, gewinnt. Und: wer die Million nicht ehrt, ist die Milliarde nicht wert, hieß es. 1923 lieferten 300 Papierfabriken in Deutschland das Material für die Banknoten, die täglich neu gedruckt wurden.

Es war eine ungeheure Entwertung der Werte, nicht nur eine Geldentwertung: alles schien entwertet, nicht nur Materielles, auch Ideelles. Es gab nichts, woran man sich halten konnte. Zahllose Menschen wurden in den Ruin getrieben. Es war ein nicht nur finanzieller Nihilismus, der das in den sicheren Verhältnissen des Kaiserreichs großgewordene Bürger- und Kleinbürgertum in eine tiefe Krise stürzte. Ein Abgrund tat sich auf, der auch dann noch zu drohen schien, als es im November 1923 zu einer Wende kam. Die Rentenmark wurde eingeführt, 1 Billion Papiermark war eine Rentenmark, ein Dollar war 4,20 Rentenmark. Die neu gegründete Rentenbank durfte für 2,4 Milliarden Rentenmark Kredite gewähren, für mehr nicht. Es schien allmählich, als hätte man wieder festen Boden unter den Füßen. Man faßte Mut. Fritz Heidegger: «An einem unbedeutenden Ereignis läßt sich dieser Stimmungsumschwung ablesen. Kaum war man der grausigen Papiermarkmisere entronnen, saß den Meßkirchern wieder der Schalk im Nacken; sie veranstalteten im Februar 1924 eine öffentliche Fastnacht mit großem Umzug und Hallo, unter dem Motto: Die Vermählung der Rentenmark mit der Dollarprinzessin. Marktbrückle und Hauptstraße waren mit Papiermarkmillionen übersät.»

Die Freude währte nicht lange, denn Ende der zwanziger Jahre kam die nächste Krise. Fritz Heidegger beschreibt die finanzwirtschaftlichen Gründe für die desolate Situation in Deutschland zu Beginn der dreißiger Jahre, die schließlich auch den Nationalsozialisten viel Zulauf brachte. Die bereits verunsicherte Bevölkerung wurde durch die neue Wirtschaftskrise wiederum in arge Bedrängnis gebracht, das Elend breitete sich aus, nicht zuletzt das der sechs Millionen Arbeitslosen, die mit keiner annehmbaren Unterstützung rechnen konnten. Die Angst der Menschen wuchs, eine diffuse Angst, die gar den Untergang des Abendlandes für möglich hielt und Rettung durch einen Führer und Erlöser erhoffte.

«Die Weltwirtschaftskrise von 1931 enthüllte, daß unsere Hochkonjunktur auf Sand gebaut war. Seit 1924 wurde Deutschland mit Auslandskrediten (hauptsächlich von Amerika) geradezu überschüttet (im ganzen etwa 22 Milliarden Mark).» Von diesen waren 12 Milliarden kurzfristige Kredite, die von den Großbanken aber als langfristige Darlehen in die Industrie gegeben wurden. Nach dem amerikanischen Börsenkrach kündigte Amerika die kurzfristigen Kredite, die deutschen Großbanken verloren fast ihr gesamtes Eigenkapital. Um den Zusammenbruch der deutschen Banken zu verhindern, gab die Reichsregierung Subventionen an die Banken. Damit nicht noch mehr Geld ins Ausland abfloß, wurde die Devisenzwangswirtschaft eingeführt. «Ungewollt wurde damit der Weg geebnet zum selbstherrlichen, autokratischen Geldverkehr der folgenden Jahre.»

Die Blüte, die nach 1933 die Nationalsozialisten brachten, war eine Scheinblüte: «Im Jahre 1936 begann die verdeckte, die zurückgestaute Inflation.» Und die Festsetzung von Preisen, Löhnen und Gehältern. Das Geld wurde zum «vierten Wehrmachtsteil». Die Folge dieser «tragikomischen Währungspolitik» war die Währungsreform von 1948. Mit dieser zweiten Währungsreform begann der neue Aufstieg der Volksbank Meßkirch. Das Haus, nach dem Krieg wieder hergerichtet, mußte bald erweitert werden, eine große Kassenhalle wurde angebaut. Über alle Wirren hin gab es aber doch auch Kontinuität: in den Personen, die der Volksbank vorstanden. Fritz Heidegger selbst stellt sie dar und Carl Orth, der in der Festschrift mit Foto geehrt wird: von 1930 bis 1963 war er mit kurzen Unterbrechungen Aufsichtsratsvorsitzender; 1963, als er in den wohlverdienten Ruhestand ging, wurde er natürlich zum Ehrenvorsitzenden ernannt.

«Ein vorurteilsloser Rückblick» auf die letzten 15 Jahre zeige, so Fritz Heidegger, daß die soziale Marktwirtschaft der einzig gangbare Weg «zur wirtschaftlichen Wiedergeburt» gewesen sei. Fleiß, Energie und Intelligenz aller Bürger der Bundesrepublik hätten das Wirtschaftswunder geschaffen, aber auch der Marshallplan der Amerikaner und die Rivalität zwischen Ost und West hätten es befördert.

Zum Schluß wendet sich Fritz Heidegger an den Leser, «welcher diesen langatmigen Bericht bis hierher geschluckt hat», mit der Mahnung, die Gesetzmäßigkeit zwischen Geld und Kapital, zwischen Produktion, Lohn- und Preisgefüge zu beachten, sonst könne auch die Soziale Marktwirtschaft ein neues Geld-Chaos nicht verhindern. Er endet, wie er begann – mit Zitaten, diesmal mit einem aus Shakespeares «Julius Cäsar»:

«Der Strom der menschlichen Geschäfte wechselt;
Nimmt man die Flut wahr, führet sie zum Glück;
Versäumt man sie, so muß die ganze Reise
Des Lebens sich durch Not und Klippen winden.»

Und für den, der immer noch nicht verstanden hat, was Börse ist, gibt er ein Lehrbeispiel. «Das ist folgendermaßen: Sie kaufen sich einen Hahn und eine Henne und beginnen eine Hühnerzucht. Sie bekommen immer mehr Hühner und zum Schluß haben Sie eine ganze Hühnerfarm. Dann kommt eine große Überschwemmung und alle Hühner sind ertrunken. Sehen Sie: Enten hätten sie kaufen müssen. Das ist Börse.»

Der Optimismus, der in dieser Schrift über die Volksbank Meßkirch zum Ausdruck kommt, schließlich ist es eine Festschrift, war durchaus mit Skepsis gemischt, wenn das auch Fritz Heidegger in der Schrift selbst nur andeutete. In seinem Nachlaß gibt es ein Blatt «Bloss Gedachtes», auf dem er sich Gedanken notierte während der Generalversammlung der Volksbank am 21. Mai 1966. Auf den Optimismus des Vorstandes «Die Aufwärtsentwicklung setzte sich unverändert fort» reagierte er mit zwei Punkten auf seinem Papier:

«1. Dem entspricht die Tatsache, daß die Preis-Lohn-Spirale mit unverminderter Heftigkeit (so hieß es immer im Heeresbericht der Wehrmacht) aufwärts steigt. Wie hoch hinaus will man eigentlich? Der Wiederaufbau ist doch längst perfekt. Warum dann jedes Jahr mehr Umsatz, mehr Reingewinn, höhere Bilanzsumme? Wieviele Stockwerke soll das Bankgebäude eigentlich haben?

2. Große Hitze macht durstig; überhitzte Konjunktur; also wächst der Durst. Wo ist das Heilmittel? Während der überhitzten Hochkonjunktur eine lange Durststrecke durchlaufen. Aber wie? Haben wir eine Inflation oder sind wir auf dem Wege zur Deflation? Immer hört man: die Leute haben viel Geld; aber ergänzend muß man gleich hinzufügen: sie haben zwar Geld, aber kein Kapital. Der Kredithunger ist der beste Beweis dafür und die große Verschuldung vieler Privatbetriebe und vor allem der Gemeinden.»

Hier legte er die Wurzel der konjunkturellen Blüte bloß: das nicht enden sollende wirtschaftliche Wachstum, auf dem die Konjunktur beruht, kann doch nicht endlos weitergehen. Und: die wachsende Verschuldung von privaten und öffentlichen Haushalten kann diese in den Ruin führen.

24. Die Heimat

Eine Woche lang feierte im Juli 1961 die Stadt Meßkirch ihr 700jähriges Jubiläum. Auf dem Stadthallengelände gab es eine Landmaschinenschau, eröffnet mit dem «Tag der Landwirtschaft und Viehzucht», der daran erinnerte, daß Meßkirch einmal das Zentrum des Viehhandels in Südbaden war und die in Meßkirch gezüchteten Rinder weithin berühmt waren. Es gab auch einen «Tag der südbadischen Handwerksmeister» und einen «Tag der Jugend und des Sports» mit den Bundesjugendspielen der Meßkircher Schulen. Und die aus Meßkirch gebürtigen Meister wurden geehrt: der Komponist Conradin Kreutzer mit einer Aufführung seiner Oper «Das Nachtlager von Granada» in der Stadthalle und der unbekannte «Meister von Meßkirch», Maler des Bildes der Heiligen Drei Könige in der Martinskirche, mit einer Ausstellung im Progymnasium. An der dem Mesnerhaus zugewandten Außenseite der Martinskirche wurde ein Bronzerelief angebracht mit dem Porträt des Erzbischofs Conrad Gröber, der ein Jahr nach seinem goldenen Priesterjubiläum 1948 gestorben war. Der aus Meßkirch stammende Theologe Bernhard Welte, 14 Jahre lang Sekretär des Erzbischofs, hielt dazu eine Rede.

Am 22. Juli hatte die Festwoche begonnen mit der Eröffnung einer «Leistungsschau der heimischen Wirtschaft» am Vormittag und einem «Begrüßungs- und Heimatabend der Meßkircher Vereine» am Abend in der Stadthalle. Dazu hielt «Univ.-Prof. Dr. Martin Heidegger» die Festansprache. Es ist eine einfache und schöne Rede, die Martin Heidegger an diesem Abend in seiner Vaterstadt hielt, Zeugnis einer Rückkehr des 72jährigen, der nun das «Man» des täglichen Einerlei nicht mehr mit Ablehnung, sondern mit freundlicher Wehmut betrachtete, nun, da der behäbige Alltag der Kleinstadt im Entschwinden begriffen ist. Und das ist denn auch das Thema seines Vortrags.

Besinnung sei die Sache des Abends, des Abends am Ende des Tages, des Abends am Ende des Lebens, beginnt er. Er wolle aber nicht zurückblicken, das geschehe in den anderen Veranstaltungen, und er wolle auch nicht vom Heute sprechen, sondern von der Zukunft. Die Zukunft habe aber doch mit der Herkunft zu tun. «Das Heute hat seine Herkunft im Gewesenen und ist zugleich dem ausgesetzt, was auf es zukommt.» Nun skizziert er die Tendenzen, die auf uns zukommen; damals zeigen sich ihre Anfänge, von Heidegger deutlich erkannt, heute sind wir von ihnen überwältigt. Die Fernseh- und Rundfunkgeräte, die bald in allen Wohnungen stünden, brächten es mit sich, daß die Menschen da, wo sie «wohnen», nicht mehr «zuhause» sind. Es ist der Anbruch des, wie man heute sagt, Medienzeitalters, das nicht nur ins Privatleben eingreift, sondern es zu verdrängen droht. Heidegger: «Die Menschen werden vielmehr täglich und stündlich fortgezogen in fremde, anlockende, aufreizende, bisweilen auch unterhaltsame und belehrende Bezirke. Diese bieten freilich keinen bleibenden, verläßlichen Aufenthalt; sie wechseln unausgesetzt vom Neuen zum Neuesten. Durch all dies gebannt und fortgezogen, zieht der Mensch gleichsam aus.»

Diesem unaufhörlichen Wechsel vom Neuen zum Neuesten setzt Heidegger das Althergebrachte entgegen: die Kräfte der umgebenden Natur, der Nachhall der geschichtlichen Überlieferung und die «von altersher gepflegte Sitte», die das menschliche Dasein bestimmen. Hier singt er das Loblied der Provinz, in der noch erhalten sei und erhalten bleiben könne, was in den großen Städten und Industriegebieten längst dahin sei. Freilich müsse auch das Althergebrachte immer wieder neu bedacht werden. Nur so könne das Heimische festgehalten werden.

Er sieht also hier die Notwendigkeit des Bewahrens, nicht als rückwärtsgewandtes Bewahren, nicht als Zurück in die gute alte Zeit, das ohnehin unmöglich ist; Bewahren ist wörtlich gemeint: Aufbewahren, Erhalten, also kein Verschleudern und Zerstören des Überlieferten, wie es allenthalben durch die Industrialisierung geschieht. Es ist eine konservative Haltung im eigentlichen Sinne des Wortes: das uns Anvertraute, sei es ein Werk der Natur, sei es ein Werk der Geschichte, sollen wir nicht um kurzfristigen Gewinns willen dahingeben, sondern an unsere Kinder und Enkel weitergeben. Sonst verlieren wir das Heimische und auch das Unheimische, wie er es nennt. Denn wenn wir nicht mehr Heimat kennen, also einen Ort, an dem wir zu Hause sind oder doch uns zu Hause fühlen, dann haben auch die anderen Orte keinen Wert als Fremde, die unsere Neugierde reizt, zu der wir streben, um dann wieder nach Hause zurückzukehren. Verlieren wir die Heimat, verlieren wir auch die Ferne. Was bliebe? «Dann gäbe es nur noch den rasenden Wechsel vom Neuesten zum Allerneuesten ...». Kein Innehalten mehr, sondern permanenter Wechsel, der nicht befriedigt und immer nach Abwechslung verlangt; es entsteht eine Leere, die durch Betriebsamkeit nicht gefüllt werden kann.

Man könnte die kleine, scharfe Skizze Heideggers, die er ohne Polemik, aber mit einer gewissen Melancholie vorträgt, durchaus eine soziologische nennen, denn hier läßt er sich auf soziale Entwicklungen ein, die er deutlicher sieht als andere damals. So auch in seiner Überlegung zur Langeweile. Er unterscheidet zwischen der Langeweile, die uns bisweilen befällt, wenn wir ein Buch lesen oder einen Film sehen: das Buch, der Film langweilen uns, d. h. sie geben uns nichts. Und der Langeweile des unbestimmten «es ist mir langweilig». Das meint eine Fadheit, in der die Leere unseres Daseins zum Ausdruck kommt. Der heutige Mensch habe für nichts mehr Zeit, habe er aber Zeit, freie Zeit, Freizeit, dann werde sie ihm zu lang. Also vertreibt er sie – mit Zeitvertreib. Er beseitigt die Langeweile durch Kurzweil, die ihm andere bieten. «Vermutlich ist diese tiefe Langeweile – in der Gestalt der Sucht zum Zeitvertreib – der verborgene, uneingestandene, weggeschobene und doch unausweichliche Zug zur Heimat: das verborgene Heimweh.» Heimat ist nicht nur der geographische Ort, an dem wir zu Hause sind, es ist auch der menschliche Halt, an dem wir uns festhalten, die gedankliche Orientierung, die uns den Weg weist.

Freilich sieht er auch, daß die Entwicklung kaum aufzuhalten sein wird: «Vielleicht siedelt sich der Mensch in der Heimatlosigkeit an. Vielleicht verschwindet der Bezug zur Heimat, der Zug zur Heimat aus dem Dasein des modernen Menschen. Vielleicht bereitet sich aber auch inmitten des Andrangs zum Unheimischen ein neues Verhältnis zum Heimischen vor.» Diese Hoffnung hat sich bisher nicht erfüllt. Die Sehnsucht nach Heimat ist zu einem ziellosen Suchen nach Abwechslung geworden, Abwechslung, die vor allem die Medien bieten, also zuvörderst das Fernsehen.

Die Wohnung ist nicht mehr das Zu-Hause, in das man sich zurückzieht, sondern die Schaltstelle, an der man sich einklinkt; sie ist der Anschluß für Telefon, Internet, Fernsehen, Radio. Die direkten menschlichen Beziehungen verändern sich. Erfüllten früher die Gespräche zwischen Freunden und Nachbarn die freie Zeit, der Besuch im Wirtshaus und im Verein, so gibt es heute den Rückzug ins Private, das vor allem aus dem Aufnehmen von Fernsehsendungen besteht, die gleichzeitig Millionen sehen. Zugleich bieten jedoch Telefon und E-mail die Möglichkeit häufiger Kontakte. Die Kommunikation nimmt andere Formen an.

Spielten früher die Kinder stundenlang im Hof und auf der Straße, so sitzen sie heute stundenlang vor dem Bildschirm und leiden unter Bewegungsarmut. Was sie auf ihren Bildschirmen sehen, halten sie nicht selten für die Welt. Was ihnen Kinos bieten und Discotheken, was Erlebnisurlaub und Vergnügungsparks, das treibt sie um in nie befriedigter Sehnsucht nach Erfüllung.

Hannah Arendt hat in ihrer Untersuchung «Vita activa» die Abhängigkeit von privatem und öffentlichem Raum in der westlichen Gesellschaft beschrieben und deren Verfall: «Es scheint im Wesen der zwischen den Bereichen des Privaten und des Öffentlichen obwaltenden Bezüge zu liegen, daß das Absterben des Öffentlichen in seinen Endstadien von einer radikalen Bedrohung des Privaten begleitet wird.» Den Grund sieht sie darin, daß die Massengesellschaft nicht nur den öffentlichen Raum, sondern auch den privaten zersetzt, «daß sie also die Menschen nicht nur ihres Platzes in der Welt beraubt, sondern ihnen auch die Sicherheit in ihren eigenen vier Wänden nimmt, in denen sie sich einst vor der Welt geborgen fühlten und wo auch diejenigen, welche die Öffentlichkeit ausgeschlossen hatte, einen Wirklichkeitsersatz in der Wärme des eigenen Herdes innerhalb der Grenzen der Familie finden konnten.» Hannah Arendt kannte noch nicht die virtuelle Welt der Medien, die Heidegger schon kommen sah, aber sie analysierte den Realitätsverlust der Moderne, der nicht nur durch diese Medien bedingt ist, sondern der überhaupt erst diese Medienwelt hervorgerufen hat.

Weltentfremdung ist ihr geradezu das Signum der Neuzeit: Weltentfremdung und nicht Selbstentfremdung, wie Karl Marx meinte. Je mehr wir uns die Erde unterwerfen, um so mehr wird sie uns fremd, geht sie uns verloren. Das Beispiel, das sie schließlich nennt, ist ausgerechnet das deutsche Wirtschaftswunder, das Fritz Heidegger in seinen Überlegungen zur Hauptversammlung der Volksbank Meßkirch skeptisch betrachtete.

Hannah Arendt: «Das deutsche Wirtschaftswunder dürfte ein in seiner Art klassisches Beispiel dafür sein, daß unter modernen Bedingungen die Vernichtung von Privateigentum, die Zerstörung der gegenständlichen Welt und die Zertrümmerung der Städte nicht Armut, sondern Reichtum erzeugt, daß nämlich dieser Vernichtungsprozeß sofort umschlagen kann, nicht in einen Wiederaufbau des Vernichteten, sondern vielmehr in einen unvergleichlich schnelleren und wirksameren Akkumulationsprozeß.»

Der Krieg habe in Deutschland mit einem Schlage besorgt, was sonst mühsam erreicht werden müsse: «Verschwendungswirtschaft», in der die gegenständliche Welt ständig aufgezehrt werden muß, um die Produktion in Gang zu halten. Diese permanente Vernichtung sei notwendig für die kapitalistische Produktionsweise, Bewahren und Erhalten dagegen sei geradezu schädlich für sie. So wie bei der Produktion der materiellen Güter stets das Alte durch ein Neues ersetzt werden muß, damit die Produktion in Gang bleibt, so auch bei den ideellen Gütern: in Kunst und Literatur, in Film und Fernsehen. Vom Neuen zum Neuesten, ein nicht endender Marathonlauf.

Die Güter sind vergänglich. Die Menschen dagegen scheinen unsterblich zu sein, ewige Jugend zeigen noch die braungebrannten Senioren in den Plakaten der Werbung. Krankheit und Tod werden ausgespart, selbst die Behinderten sind fröhlich in der

Reklame. Die Leidenden werden in Kliniken abgeschoben und nach ihrem Tode von Bestattungsinstituten entsorgt. Dann zeigt sich, daß auch sie Teil der Verschwendungswirtschaft waren, nur die Lebenden dürfen es nicht wissen. Ein Grab auf dem Friedhof gibt es nur für zehn Jahre, dann wird es durch ein neues ersetzt, wenn die Nachkommen nicht noch einmal für zehn Jahre zahlen.

In einer Zuschrift an den «Südkurier» vom 26. März 1968 nimmt Fritz Heidegger eine solche Verfügung aufs Korn. Die Kirche, schreibt er, bete für die verstorbenen Brüder und Schwestern: «Herr, gib ihnen die ewige Ruhe.» Die Nachrufe schlössen in der Regel mit dem Satz, der Verstorbene werde zur letzten Ruhe gebettet. Nun habe die Friedhofsverwaltung Meßkirch aber bekannt gemacht, daß auf dem Friedhof die Felder 2 und 5 «geräumt» werden müßten: «Wegen des Ablaufs ihrer Ruhefristen», beginne der Brief an die Hinterbliebenen, und er ende: «… um Raum für künftige Bestattungen zu erlangen».

Früher waren die Dinge beständig, die Menschen sterblich. Die Familiengräber blieben über Generationen erhalten. Das Haus, das der Großvater gebaut hatte, besaß dann der Enkel, das Geschäft, das der Großvater besorgt hatte, erbte der Enkel. Das Handwerkszeug hatte schon dem Vater gedient, die Schränke hatte schon ein Vorfahr benutzt. Die Dinge überdauerten die Generationen. Sie hatten ihre eigene Würde, die durch den langen Gebrauch zunahm. Und die Vorfahren wurden in ihnen geehrt.

Die Menschen waren sterblich, hatten aber eine unsterbliche Seele, die ihnen ihre Dauer gab, zumindest im Gedächtnis der Nachkommen. Mit dem Jenseits, meint Hannah Arendt, hätten die Menschen auch das Diesseits verloren. Jedenfalls habe der «Verlust der Transzendenz» den Menschen nicht «diesseitiger und weltlicher gemacht». Der Glaubensverlust habe die Menschen nicht auf ein Diesseits, nicht auf «Weltgenuß», sondern auf sich selbst zurückgeworfen. Einsamkeit ist oft die Folge, Zweifel und nicht selten Verzweiflung.

Die überschaubare Gesellschaft der kleinen Stadt, die Enge und die Wärme der Gemeinschaft, das freundschaftliche und streitige Miteinanderreden und -trinken im Verein – das beschreibt Fritz Heidegger in einem kleinen ungezeichneten Aufsatz mit dem erstaunlichen Titel «Erfülltes Leben». Der Aufsatz erschien in einer Schrift, die 1949 der Gesangverein Meßkirch zum 100. Geburtstag des Komponisten Conradin Kreutzer herausgab. Fritz Heidegger schildert darin die Geschichte des Gesangvereins Meßkirch. Nach dem üblichen Bericht über die wechselnden Vorstände des Gesangvereins und seine Festaufführungen von Werken des Meßkircher Komponisten Kreutzer kommt er zum Schluß: «In der Tat, der Meßkircher Singverein von 1847 ist zur Reife gekommen: er ist, wenn man so sagen darf, erfülltes Leben geworden.» Dies schreibt er, wie er zu Beginn sagte, «jenseits jeder Lobhudelei, aus Freude und Liebe zu einem Sängerchor, der durch alle akuten Schwächeanfälle und chronischen Wachstumskrisen sich zur heutigen Höhe emporrang».

Der Gesangverein: erfülltes Leben? Man kann versuchen, es sich vorzustellen. Jeden Donnerstag treffen sich die Sangesbrüder in der Hinterstube einer Gastwirtschaft oder in einem Raum der Schule zur Probe, singen gemeinsam ein Stündchen, der Gesang belebt die Brust und das Gemüt, dann geht es in die nächste Wirtschaft zu Schoppen und munterem Gespräch. Danach ziehen die Sangesbrüder beschwingt durch die leeren Gassen nach Hause. Nach langen Monaten der Probe kommt dann eine Festaufführung in der Aula der Schule, etwa mit Kreutzers «Abendchor» und «Der Waidmann». Erfülltes Leben? Vergangenes Biedermeier? Dauer im Wechsel?

«Am 30. August 1847, zwei Jahre vor Kreutzers Tod, wurde der Singverein gegründet. Den Vorstand bildeten Hauptlehrer Kolb als Präsident, Hauptlehrer Walser als Musikdirektor, Schmitt als Kassier und Sekretär, Hauser und von Bredel als Beigeordnete. Der Verein bestand aus 47 Mitgliedern und das Vereinsstatut hatte 26 Paragraphen (‹Kann ohne dich, mein Paragraph, nicht leben›). In der Vorahnung kommender Krisen bestimmte Paragraph 26: Der Singverein ist aufgelöst, sobald die Zahl der aktiven Mitglieder unter zwölf sinkt. Alles stand damals unter dem Druck der preußisch-militärischen Diktatur. Die bekannten Symptome

jeder Diktatur, Angeberei und heimliche Opposition verpfusch-
ten auch das Vereinsleben.»

Die älteste Rechnung, die noch erhalten sei, behauptet Fritz
Heidegger, laute: «Ein Kästchen zur Aufbewahrung des Lam-
penöls gemacht, Holz und Arbeitslohn 42 Kreuzer, Schloß und
Beschlag 36 Kreuzer. Meßkirch, den 10. November 1847. Den
Empfang bescheinigt L. Angebrandt.» Bis zum Beginn des elek-
trischen Lichts sei das Kästchen in Gebrauch gewesen.

25. Die Selbstlosigkeit.

Heimat, die große Illusion», überschreibt Fritz Heidegger
einen seiner zahlreichen «Gedankensplitter»:
«Der Feldweg! Jeder Rain und Stein, jedes kleine Gebüsch am
Wegrand, die Wiesen und Äcker rechts und links; die Bäume, die
Blumen und Früchte, das Feldkreuz, die Bank unter der Eiche, die
Tannen, all dies hundertmal passiert, ist total fremd; man kennt
sich in keiner Beziehung; ähnlich ist es mit allem anderen: den
Häusern, den Kirchen, den alten Türmen, den Wegen und Ste-
gen, den Brunnen und Quellen, den Bächen und Lachen, alles,
alles ist fremd, ganz fremd; doppelt fremd: die Wolken, das
Himmelsgewölbe, die Sterne; ganz fremd die Sonne und der
Mond, und im täuschenden Schein des Gegenteils am allerfrem-
desten die Menschen.»

Hier zeigt sich der Riß zwischen Fritz Heidegger und seiner
vertrauten Umgebung. Er, der immer darinnen ist, steht ihr plötzlich fremd gegenüber. Bruder Martin, der nur gelegentlich aus
Freiburg herüberkommt, sieht das ihm vertraute Meßkirch und
fühlt sich zu Hause. Er ist zurückgekehrt; er ist viel geehrt; er wird
als einer, der weit über Meßkirch hinausgekommen ist, anerkannt. Und er fährt wieder weg. Fritz, der hier zu Hause ist, ist
nicht über Meßkirch hinausgekommen, jedenfalls nicht in seinem
Lebensgang. Dafür aber in seinem Gedankengang: er ist ein
Grübler, der über alles reflektiert und sich dadurch von allen

unterscheidet, mit denen er in Meßkirch zu tun hat. Er denkt darüber hinaus. Er denkt über Meßkirch hinaus. Dies aber nur für sich und mit sich. Er ist ein Original, und er ist ein Einzelgänger.

Natürlich gibt es auch solche Augenblicke, wie sie jeder einmal erleben kann: das, was man jeden Tag sieht, ohne es anzusehen, das wird plötzlich wieder sichtbar. Bis dahin hat man es übersehen, weil es einem so selbstverständlich war. Nun ist es auf einmal neu, als sähe man es zum ersten Mal. Es erscheint fremd: das Alltägliche ist etwas Besonderes.

Doch meint Fritz Heidegger diesen Augenblick, der eher freudig erlebt wird? Er erlebt ihn als Überdruß: er ist allzu oft den Feldweg gelaufen, nun hat er genug davon. Aber er spricht nicht nur vom Überdruß am allzu oft Gesehenen, er spricht auch von seiner Distanz zur Welt überhaupt, die ihm gleichgültig wird, von seiner Distanz zur Welt des Sichtbaren, die er hinter sich zurücklassen will – um des Unsichtbaren willen. Das sagt sein nächster Satz: «So gesehen verschwindet die Welt in einem nebelhaften Hintergrund; es tritt hervor Apg 17, 28.»

«Apg» ist die Abkürzung von «Apostelgeschichte des Lukas», einem Buch im Neuen Testament. Dort steht im 17. Kapitel, Absatz 28: «Denn in ihm leben, weben und sind wir.» Vier Absätze davor heißt es: «Gott, der die Welt gemacht hat und alles, was darinnen ist, er, der ein Herr ist Himmels und der Erde, wohnt nicht in Tempeln, mit Händen gemacht…» (24) Wo wohnt er dann? «… daß sie den Herrn suchen sollten, ob sie doch ihn fühlen und finden möchten; und fürwahr, er ist nicht ferne von einem jeglichen von uns.» (27) Und nun folgt: «Denn in ihm leben, weben und sind wir.» (28) Gott wohnt also nicht in einem Haus, nicht in einer Landschaft, er ist in uns und wir sind in ihm.

Fritz Heidegger weiter: «Das Landen und Leuten («Land und Leute» hat er zu Tätigkeitsworten geformt) kategorisch ignorieren und abservieren; sie beide erzeugen immer nur vielfältiges Stranden. Hinaus aufs offene Meer, mit Sack und Pack; ohne diesen permanenten Wagemut geht es nicht. Keine Selbstbewertung mehr, aber auch keine Selbstbeobachtung. Sich fallen lassen, im offenen Meer sich ansiedeln…»

Hier ist also die Absage an die Welt die Voraussetzung für die Hinwendung zu Gott, die nicht die übliche des Gebets und des Gottesdienstes ist, sondern eine der völligen Hingabe, eine des «Sich fallen lassens». Der gedankenreiche Grübler will also nicht nur die Redereien des gesellschaftlichen Miteinander hinter sich lassen, das «Landen und Leuten», sondern auch die Reflexion, die «Selbstbewertung» und «Selbstbeobachtung». Er will sich selbst zurücklassen, um ganz bei Gott zu sein, «denn in ihm leben, weben und sind wir». Erst in ihm sind wir.

Fritz Heidegger ist ein religiöser Denker. Seine lebenslange Beschäftigung mit der Bibel, mit theologischen Werken, mit der Geschichte und der Liturgie der katholischen Kirche sind natürlich in den vielen Blättern, die er in den letzten beiden Jahrzehnten seines Lebens mit seinen Gedanken füllte, zu erkennen. Aber er bringt keinen Kommentar zur Bibel, keine Kritik der Kirche, keine Auseinandersetzung mit Theologen; das fließt manchmal in seine Überlegungen ein, es ist aber nicht deren Gegenstand. Seine Überlegungen sind Selbstbefragungen, Standortbestimmungen: der Mensch in der Welt, Fritz Heidegger in dieser Welt und sein Verhältnis zu Gott. Insofern denkt er immer selbständig, immer gründlich: er geht der Sache auf den Grund. Und dieser Grund ist, sieht man die vielen Aufzeichnungen durch, immer von einer Haltung bestimmt, die an die der Mystiker erinnert: sich selbst zurücklassen, um zu Gott zu finden.

«Herr, ich bin jetzt ganz allein. Wo? In unserem Wohnzimmer, bei der Lektüre und habe große Sehnsucht, mit Dir zu reden; das Lesen drängt ja nicht. Eine Stunde mit Dir, hier in unserer Wohnung, beisammen sein, ist eine zeitlose Weile. Am liebsten würde ich nichts anderes tun als an Deiner Seite zu schweigen, ohne auf die Uhr zu schauen, um die Gabe zu erlangen, mich ganz zu versenken.» Mit Gott zu reden, das hieße, Raum und Zeit zu vergessen; mit Gott zu reden, das hieße zu schweigen. Die Gegensätze heben sich auf.

Er bringt nun ein Bild: wohin soll er sich versenken? In sich selbst. Er geht in sich und besichtigt seine «Eigentumswohnung», die er bisher an andere vermietet hat, diese Mieter beherrschen ihn, den Vermieter, sie wirken auf sein Denken, Fühlen und Wollen ein. Er ist nicht Herr in seinem Haus. Nun will er die Mieter hinauswerfen und seine Wohnung einer Reinigung unterziehen, einer Entrümpelung. Er will den Vater anrufen, mit ihm telefonieren. Aber würde er nicht «stolpern» beim Sprechen, also stottern? Da läßt er Jesus sprechen, dessen Name nicht genannt wird; er sagt: «Je mehr du über diesem Gebet, das ich euch gelehrt habe (das Vaterunser), über Worte und Sätze stolperst, um so wirksamer ist vielleicht der Empfang am anderen Ende der Telefonleitung, wenn es dir gelingt – in meinem Namen – ein Urvertrauen zum Urgeheimnis dessen, was wir Vater nennen, in dir zu entfalten.»

Das ist sein immer wieder erstrebtes Ziel: die Gegenwart Gottes zu denken, ohne diesen sich vorzustellen. Denn: «Sich auf Gott berufen, kann eine gefährliche Anmaßung sein. Die einen sagen: der liebe Gott, unser Herrgott. Und die andern sagen: das Unendliche, das Absolute, das kosmische Sein. Beide sagen gewöhnlich nichts damit.» Hier der häufige Gebrauch des entleerten Wortes Gott und seiner Umschreibungen, dort die Furcht vor diesem geheimnisvollen Wort: «Etwas Entsetzliches: Sie fürchten das Wort Gott. Gott ist wahrscheinlich der Einzige, mit dem Einer über alles reden kann, ohne daß ihm von Anfang bis zum Schluß in irgendeiner Form die zehn Gebote unter die Nase gehalten werden. Das sagen sie nie.»

Seine Sehnsucht nach Gott führt zu einer inneren Abweisung aller äußerlichen Wichtigtuereien, die doch das menschliche Leben bestimmen: «Alles, was nicht Gott ist, mit Ohrfeigen traktieren. Die Wucht der menschlichen Gesellschaft, das Alles-um-der-Leute-willen, das zähe Angeklebtsein an den Menschen, Umgegend und Alltag, man könnte es auch nennen In-der-Welt-Sein, rückt einem erst recht auf den Leib, wenn man sich mit dem Denken einläßt.» Dieser Unwillen mag denn auch sein gelegentlich schroffes Verhalten im Meßkircher Alltag erklären. Er ist dann wütend, nicht nur auf die andern, sondern auch auf sich, weil er eben doch nicht loskommt von den Menschen, die er braucht.

Der Abweisung äußerlicher Wichtigtuerei entspricht die Abweisung der inneren: der Eitelkeit und der Selbsterhöhung, zu der jeder neigt. «Das Selbst ist vollständig umzingelt von der Phantasie; bevor es zu sich selber kommt, bevor es wach ist, hat die Phantasie schon gedacht, verglichen, geurteilt.» Er hat es schwer mit sich, immer wieder sind Zweifel zu spüren, manchmal auch Verzweiflung: «Verzweiflung auf der ganzen Linie ... Ein neuer Silberstreifen am Horizont: die Demut, das wäre die Freundin, an deren Seite alles gesunden würde.» Und er zählt drei Geschenke der Demut auf: 1. Unmittelbarkeit («Man braucht nur die Haltung Jesu in jeder Beziehung zu betrachten.»), 2. das «bodenlose Gewähren- und Geschehenlassen von leiblichen, seelischen und geistigen Wohlgefühlen, also keine einfältig dumme Reflexion», 3. das ruhige Blicken («Der einfache Blick auf die göttliche Gegenwart»).

Doch «ER» weiß, wie es an anderer Stelle dann heißt, «daß ich erstens ein feiger Hund bin, der nicht imstande wäre, die mit göttlichen Einsichten verbundenen Leiden und Bedrückungen zu verkraften; daß ich zweitens zu eitel bin, um einen solchen Gnadenerweis als Geheimnis zu bewahren ...; und drittens weiß er, daß ich gutmütig, dumm und schwachsinnig zu sein vermag ...»

Eine witzige und melancholische Selbsteinschätzung. Die Melancholie ist die andere Seite des Witzes, seine Rückseite sozusagen. Der gedankenreiche Grübler ist immer zu Späßen aufgelegt, dahinter steckt sein Wissen um die Vergänglichkeit allen menschlichen Strebens und die Sehnsucht nach der Gegenwart Gottes. «Denken heißt z. B., aus ganzem Geist und Herzen zu wissen und sich zu vergegenwärtigen, daß man nach etlichen oder weniger Jahren zwei Meter unter der Erde in einer Holzkiste liegt.»

Und an anderer Stelle: «Fast überall ist der eine grenzenlos in nächster Nähe vom anderen entfernt. Beweis: der eigene Tod ist das zentrale zerreißende Er-lebnis, der Tod des Anderen ist ein bloßer Naturvorgang. Die einen Kühe weiden voll Ergötzen und ohne Mitgefühl dafür, daß die anderen Kühe zur selben Zeit im Schlachthaus nebenan verbluten. Genauso naturhaft blöd benimmt sich der Mensch.»

Wiederum an anderer Stelle schreibt er: «Bleib im Seelengrund und beachte nicht die Oberfläche, das Bewußtsein mit seinen Irrlichtern. Sei der eigene Anker in der Tiefe. Für dich lebt Gott nicht im Himmel und in der Kirche, sondern bei dir selbst, im Innern und wartet auf dich. Das Nichts ist der Schleier Gottes. Das Jenseits ist mitten unter uns.»

Das Ziel, das Fritz Heidegger in seinen Gedankensplittern immer wieder umkreist, ist in den Schriften der Mystiker genauso benannt wie bei ihm: die Selbstlosigkeit. «Das ist ein armer Mensch, der nichts will und nichts weiß und nichts hat», heißt es bei Meister Eckhart (1260–1328) in seiner berühmten Auslegung der Stelle der Bergpredigt Jesu: «Selig sind die Armen im Geiste, denn ihrer ist das Himmelreich.» (Math 5, 3) Der Mensch, der nichts will, der nichts begehrt, auch Gott nicht begehrt, der Mensch, der nichts hat, nichts besitzt, auch an Wünschen und Hoffnungen nichts besitzt, der Mensch, der nichts weiß, der all sein Wissen losläßt, der ist von der rechten Armut, die ihn Gott nahe bringt. Er ist selbst-los, er ist sein Selbst los. Er wird zum leeren Gefäß, das auf die Füllung, auf die Erfüllung wartet.

Fritz Heidegger in einem Gedankensplitter von 1949: «Die Kunst, in allem nichts zu wollen, von der eigenen Person ganz abzusehen, erklimmt den höchsten Grad von Kraft und Freiheit: auf diesem Gipfel ist man dem Jodeln nahe vor lauter Entzücken über die neuen Perspektiven und Horizonte. Wer es zu bunt treibt, rutscht aus und stürzt und wird verrückt.» Er kann die Einsicht nicht ohne Humor festhalten. Die Einsicht macht ihn heiter, die Heiterkeit entspricht der Gelassenheit, sie führt ihn zum Spott, zum Spott sich selbst gegenüber und den anderen. Dazu zwei Beispiele.

So schreibt er 1949 über die Deutschen unter dem Titel «Abfälle vom Heuberg», unter dem er einige Aphorismen versammelte: «Die Deutschen sind die Stammgäste des Fegefeuers. Nach unendlich langen, vergeblichen Versuchen, sich neu zu etablieren, sich zu organisieren, von vorne anzufangen, wiederaufzubauen, siebzehn Parteien zu gründen, Behörden aufzuziehen mit Gesetzen, Verordnungen und Statuten, Vereine und Fachverbände zu gründen und das ganze neue Dasein philosophisch zu unterbauen, merken sie endlich, daß etwas ganz anderes mit ihnen geschehen soll – eine Aufgabe, die schon längst vor ihrer Beerdigung fällig war –: die Verwandlung von Automaten, Untertanen, Standespersonen und Fachsimpeln in wirkliche Menschen, in das Ebenbild Gottes.» Hölderlin schrieb Ähnliches über seine Landsleute nach einer anderen Katastrophe anderthalb Jahrhunderte zuvor in seinem «Hyperion».

Die folgende Aufzeichnung von 1961 liest sich wie ein Kommentar zur Demokratie im Medien-Zeitalter: «Das Volk reicht vom Insassen im Gefängnis bis hinüber (nicht hinauf) zum Staatspräsidenten. Um dieses Volkes willen ist die Wahrheit ein krankes Gebilde; obwohl allumfassend, wird sie auf Standpunkte vernagelt; obwohl kompomißlos, wird all ihr Wahres zu einer Ware, wird bewertet und betastet wie ein Schlacht- und Zuchtrind; sie darf sich dem Volk nicht zeigen, wie sie ist. Obwohl das Unentbehrlichste, ist sie dem Volk ganz fremd. Warum? Weil das Volk eine Illusion ist, eine bloße, windstille Vorstellung. Den leeren Raum zwischen Volk und Wahrheit füllen die Behörden aus; also Kirche und Staat; diese sorgen dafür, daß das Volk Volk bleibt, ein unberechenbares Nichts und Etwas, indem sie mit tausend Teilwahrheiten abwechseln, vor der Volksbühne ein Kasperletheater aufführen. Das Volk will nicht; es ist gar nicht da; es besteht aus Einzelnen, aber diese Einzelnen sind im Wesenlosen, d. h. im Volk verschwunden, aufgelöst.»

26. Der Alltag

Schwer zu sagen, was der Alltag ist. Das tägliche Einerlei: morgens aufstehen, frühstücken, zur Arbeit gehen ... Immer dasselbe. Die Banalität des Arbeitslebens, das oft genug mühselig ist. Daher der Wunsch, endlich einmal etwas anderes zu erleben. Die Hoffnung auf ein Ereignis, das unerwartet hereinbricht, ein beglückendes Erlebnis, wenn möglich; wenn nicht, tut es auch eine kleine Katastrophe; die ist immer noch besser als der übliche Trott, jedenfalls wenn sie andere trifft. Dann gibt es noch die organisierte Flucht aus dem Alltag: in die Vergnügungen, in die Ferien, in andere Länder.

Und doch ist der Alltag unser Leben, unser tägliches Leben, also kostbare Zeit. Wie kostbar dieser Alltag ist, empfindet erst der, der ihn vermißt. Für den Soldaten an der Front wird das Frühstück am Morgen im Kreis der Familie zum Paradies, nach dem er sich sehnt. Wer lange krank war, genießt die Mühe als Glück: wie schön, daß er wieder zur Arbeit gehen kann. Wer einen geliebten Menschen verloren hat, dem wird jedes kleine Erlebnis, das er mit diesem gemeinsam hatte, zum wertvollsten Besitz. Wie gerne würde er noch einmal mit ihm auf der Gartenbank sitzen und in die Sonne blinzeln. Die banale Situation wird zur außerordentlichen. Aber nur für den, der an ihr teilnahm. Sie ist sein individueller Besitz.

Warum fällt es so schwer, in der Gegenwart bewußt zu leben? Leichter ist es, mit den Gedanken in die Vergangenheit zurückzukehren, das Vergängliche hat seine eigene Aura, die auch das Alltägliche verklärt. Leichter ist es, in die Zukunft zu schweifen, sich Möglichkeiten nach Gutdünken auszumalen. Wir leben meist bewußtlos in der Gegenwart, unseren Gewohnheiten hingegeben.

Fritz Heidegger: «Warum wird der Mensch zum Gewohnheitstier? Zu jenem untertierischen Wesen, das den Zeitbegriff auf den Kopf stellt, das die Zeit einteilt, überhaupt teilt. Die Zeit besteht aus dem hundertsten Teil einer Sekunde; und wer den hundertsten Teil einer Sekunde nicht erfaßt und in sich sammelt, der ist nicht da. Der lebt bzw. atmet unterhalb des Bereichs von Tier, Pflanze und Stein; denn diese drei sind da in jedem Augenblick.»

Seine Aversion richtet sich nicht gegen den Alltag, sondern gegen die Gewohnheiten, mit denen wir ihn verbringen, besser: vergeuden: «Nur der Mensch hat die entsetzliche Fähigkeit, im Nichts zu atmen, im Angedrillten, im Anerzogenen, im Nebelhaften, in jenem bekannten Unterbewußtsein, das nichts als ein Schwindel ist und zugleich ein gefundenes Fressen für alle Dämonen.»

Und doch war auch er auf die Festlegungen des Alltags angewiesen – in der Familie und in der Bank –, und diese Festlegungen
erzeugten wiederum Gewohnheiten, wenn er sich auch auf seine
manchmal schroffe, manchmal humorvolle Weise ihnen zu entziehen suchte. Die Arbeitszeiten waren einzuhalten. Die Kassenstunden in der Volksbank waren von 8 bis 12 Uhr und von 14 bis
18 Uhr. Diese Kassenstunden konfrontierten ihn immerhin mit
den Realitäten des Lebens, jedenfalls soweit sie sich in Geldge-
schäften niederschlugen.

Heinrich Heidegger berichtet: «Der Vater stand relativ spät
auf; wir Buben frühstückten mit der Mutter zusammen, je nachdem schon früher, wenn einer seinen Ministrantendienst zu ab-
solvieren hatte. Der Vater begnügte sich mit einem einfachen
Frühstück: eine große Kaffeeschüssel, in die er das Brot hinein-
brockte.» Bad oder Dusche gab es nicht, fließendes Wasser war
nur im Erdgeschoß; so machten die Buben ihre Morgentoilette
dort am Waschbecken; einmal in der Woche gingen sie zum Bad
zu den Großeltern an den Adlerplatz.

«Vater war immer pünktlich in seiner Bank. Wir aßen gemeinsam zu Mittag gegen 12 Uhr 30; wenn die Kasse nicht stimmte,
wurde es auch 13 Uhr; dann bekam die Mutter Angst und dachte
an eine mögliche Verhaftung durch die Gestapo. Das gemeinsame
Abendessen war zwischen 18 Uhr 30 und 19 Uhr.» Im Krieg ging
Fritz Heidegger dann gerne zu einem Nachbarn in der Jahnstraße,
um den «Flaschner» zu hören, wie er sagte; der Flaschner hieß
Schweizer, bei ihm hörte er das schweizerische «Radio Beromün-
ster», das neutrale Nachrichten brachte. Der Deckname für die
Nachrichten von BBC London war «Inselwirt», im benachbarten
Heudorf gab es eine Wirtschaft «Zur Insel». Sagte er also «Ich gehe
zum Inselwirt», hieß das, ich gehe BBC-Nachrichten hören. Diese
Nachrichten zu hören war in der Nazi-Zeit streng verboten und
konnte sogar mit der Todesstrafe geahndet werden.

Als der Krieg zu Ende war, sorgte Fritz Heidegger für seine Familie: er ging hamstern, wie man das damals nannte, er ging also
auf die Dörfer, um von den Bauern Obst, Gemüse, Wurst und
Fleisch zu ergattern. Alle litten Not, die Lebensmittel waren im-

mer noch rationiert; erst nach der Währungsreform von 1948 wurde es besser. Heinrich Heidegger berichtet, daß sein Vater diese Hamstertouren mit dem Pferdefuhrwerk, dem Fahrrad oder auch zu Fuß unternahm: «Durch seinen Dienst am Bankschalter kannte er natürlich viele Bauern und mit seinen Sprüchen hatte er sie immer wieder auf seiner Seite.»

Andreas Müller erzählt in seinem Büchlein «Der Scheinwerfer. Anekdoten und Geschichten um Fritz Heidegger» von einer solchen Hamsterfahrt: «Fritz Heidegger hamsterte gut und gern. Auch für seinen Bruder in Freiburg, dem er auf diesem Wege eine Geiß verschaffen konnte.» So sei er einmal mit einem Pferdefuhrwerk nach Heudorf gefahren; ein Kuhfuhrwerk war unter seiner Würde. Die Bauern kannten aber ihre Meßkircher und ließen sich nicht blicken, wenn einer hungrig in ihr Dorf kam. Fritz Heidegger rief deshalb, als er langsam durchs Dorf kutschierte: «Fegsand, guter Fegsand!» Fegsand brauchte man damals noch zum Reinigen von Pfannen und Töpfen. Die Heudorfer glaubten, ein fahrender Händler komme durchs Dorf, und eilten aus ihren Häusern herbei. Als sie dann den wohlbekannten Fritz sahen, waren sie überrascht und erfreut zugleich über den guten Spaß. Fritz hatte die Lacher auf seiner Seite und die Bauern zeigten sich erkenntlich. Fritz dankte es ihnen, indem er in seiner Fasnetsrede 1949 ausrief: «Seid alle umschlungen, ihr Bauersleute aus Heudorf und Rohrdorf, d. h. je nach dem, wo man gerade hamstert.»

Heinrich Heidegger: «Wenn Vater am Abend nicht in seinem Studierzimmer verschwand, ging er auch mal zu einem Skatabend in der Wirtschaft oder bei Freunden. Doch Bücher waren seine Leidenschaft; er las viel: Religionswissenschaft, Theologie aller Konfessionen, aber auch Nationalökonomie und Geldwirtschaft sowie Welt- und Kirchengeschichte. Es kam vor, daß er uns (noch im Grundschulalter) in seinem Bett interessante Geschichten vorlas, z. B. aus Onckens Geschichte der französischen Revolution die Prassereien am Königshof.»

Das mag für den Autodidakten sprechen: er beschäftigt sich nicht nur mit einem Fachgebiet wie der Akademiker, sondern mit vielen, er ist neugieriger und deshalb oft gebildeter und dies in unterschiedlichen Disziplinen. So kannte Fritz Heidegger sich in Ökonomie und in Geschichte aus, in Philosophie und in Theologie. Er war gut vorbereitet, als er 1938 die Manuskripte des Bruders übernahm.

«Vieles änderte sich», so Heinrich Heidegger, «als er ab 1938 begann, die Manuskripte seines Bruders abzuschreiben. Da er keine Schreibmaschine besaß, schrieb er diese zumeist auf der Bank, wie wir sagten; da konnte er nach dem Nachtessen nochmals zur Bank gehen und bis spät abends schreiben. Zuvor mußte er sich in die Handschrift des Bruders einlesen; das tat er in den Arbeitspausen in der Bank, wenn nichts los war; genauso konnte er auch bei einer Schulfeier in einem der Manuskriptblätter lesen.» Anschließend mußte er das Abgeschriebene korrigieren; wenn nötig, mußte er im Original und den vier Durchschlägen die griechischen Worte einsetzen, die er mit der Maschine nicht schreiben konnte. Kam Martin dann zu Besuch, mußte das Ganze kollationiert werden, also Seite für Seite mußte durchgegangen werden, Manuskript mit Abschrift verglichen werden.

«Wir Buben kamen aber nicht zu kurz. Weil Vater ein Eisenbahn-Narr war, bekamen wir eine Märklin-Eisenbahn, die jedes Jahr zu Weihnachten ergänzt wurde; da konnte er auch mitspielen. Ballspiele mochte er nicht. Seine Leidenschaft war das Radfahren. Er machte mit seinem Freund Josef Schmid, einem Kollegen, der auswärts wohnte, größere Radtouren, z. B. nach Passau oder nach Berchtesgaden. Allein fuhr er mal nach Köln. Als wir noch klein waren, setzte er uns in den Leiterwagen, band diesen an sein Fahrrad und fuhr mit uns los auf die Landstraße. Einmal bekam er für eine solche Fahrt einen Strafzettel. Als wir größer wurden, gab es dann Tagestouren an den Bodensee oder ins Donautal. Einmal, das war 1939, fuhren wir zum Lochenstein oberhalb von Balingen, wo ein Kellner wirkte, der wie ein Double von Hitler aussah.» Die Mutter, die nicht gerne Rad fuhr, blieb meistens zu Hause. Lieber fuhr sie mit den Buben nach Freiburg zum Schwager, wo sie dann ein oder zwei Wochen blieben; später fuhren die Söhne auch mal allein nach Freiburg mit der Bahn.

Heinrich Heidegger weiter: «Das Kartenspiel und die Wirtshausbesuche waren für ihn wohl Erholung und auch Ablenkung von der Philosophie. Interessant war seine Freundschaft mit dem Nachbar Keller, die seit Jugendzeit bestand und verfestigt wurde, als Keller 1934 heiratete und in die unmittelbare Nachbarschaft zog. Als erstes wurde in den Gartenzaun eine Tür eingebaut, so daß man sich leichter besuchen konnte. Nach dem Tod meiner Mutter im Jahre 1969 hat die Frau des Freundes den Vater betreut, so daß er in seinem Haus wohnen bleiben konnte. Interessant war die Freundschaft deshalb, weil die Kellers selten ein Buch lasen; nur die Schwester war eine suchende, religiöse Frau, die oft und oft beim Fritz Rat und Hilfe holte, im Alter mehr als zuvor.» Der beste Freund las selten Bücher. Mit ihm verstand sich Fritz Heidegger, der so viele Bücher las, am besten. Worüber sie gesprochen haben? Über die alltäglichen Dinge des Lebens? Es kommt nicht auf Gelehrsamkeit an, ein verständiges Herz ist wichtiger.

Ab und an legte Fritz Heidegger einen sogenannten Milchtag ein, dann aß er nichts, sondern trank nur einen Liter Milch am Tag. Gegen Abend allerdings drängte es ihn dann, von der Kuhmilch zur «Liebfrauenmilch», einem Wein, überzugehen. Seit den späten fünfziger Jahren besuchte er gerne die Gastwirtschaft im Hotel am Hofgarten, das der Sohn des Löwenwirts eröffnet hatte. Dort traf er alte und neue Bekannte, dort konnte er, je nach Laune, stumm beim Wein sitzen oder laut und lang philosophieren, ohne Rücksicht auf das Niveau seiner Zuhörer.

Einmal gab er sogar einem Lehrer, mit dem er öfter sprach, Einblick in sein eigenes Philosophieren; er lieh ihm ein Heft seiner «Rührmilchereien». So nannte er eine Sammlung von Aufzeichnungen, die gewissermaßen entstanden wie damals, als man beim Milchrühren zusammen saß und plauderte. Man rührte die Sahne so lange, bis Butter daraus wurde. Und so rührte er auch seine Gedanken so lange, bis sie sich zu Aphorismen verdichteten. Doch hatte er niemanden, mit dem er das Milchrühren betreiben konnte. In Meßkirch war er mit seinen Gedanken allein; auch deshalb war der Besuch des Bruders für ihn so bedeutsam; dann hatte er einen Gesprächspartner, den er sonst missen mußte. Seine Aufzeichnungen sind die Ergebnisse eines fortdauernden Selbstgesprächs. Hier verständigt sich einer mit sich selbst. Die Absicht, sie zu publizieren, hatte er nicht, er wäre sich zu wichtig vorgekommen, hätte er das in Betracht gezogen.

Ab den sechziger Jahren kamen dann Besucher aus der weiten Welt, um den Bruder des berühmten Philosophen zu sehen. Das hat ihm geschmeichelt. Sie kamen aus Japan und den USA, aus verschiedenen Ländern Europas. Da mag er manchem auch einen Einblick in seine Hefte gegeben haben. Einer Amerikanerin überließ er sogar Abschriften von Manuskripten seines Bruders, die er doppelt hatte; sie liegen nun in der Loyola-Universität in Chicago.

Als Fritz Heidegger 1959 pensioniert wurde, hatte er mehr Zeit für sich, vielleicht zuviel Zeit. Die Kinder waren aus dem Haus, die Bank beschäftigte ihn nicht mehr. Immerhin las er noch regelmäßig die Wirtschaftsseite und die Börsennachrichten, auch aus Eigeninteresse, hatte er doch einiges Geld in Aktien angelegt. Soll man Andreas Müller glauben, tat er dies allerdings kaum nach finanzwirtschaftlichen Gesichtspunkten. Aktien der Gute-Hoffnungshütte habe er wegen des schönen Namens gekauft und Mercedes-Aktien, weil sie ihn an die «stella maris», an den Meeresstern erinnerten, wie Maria in einem alten Kirchenlied genannt wird.

«Nach der Pensionierung», so Heinrich Heidegger, «stand er öfters sehr früh auf, ging im Wald spazieren oder fuhr auch mal nach Birnau zur Frühmesse. Und weil der Pater im Beichtstuhl keine «Arbeit» hatte, ging er beichten, um ihm eine Freude zu bereiten; er kannte seine Pappenheimer.» Es blieb dann immer noch genug Zeit, die Gedanken, die er im Kopfe bewegte, aufs Papier zu bringen und am Abend ins Wirtshaus zu gehen.

Heinrich Heidegger war von 1961 bis 1971 Pfarrer in Schwandorf und Boll, kaum zwölf Kilometer von Meßkirch entfernt, so daß er regen Kontakt zu den Eltern halten konnte. Die Mutter starb, als sie bei ihm in Schwandorf weilte. Am 30. September 1969 erlitt sie einen Herzinfarkt.

Der Tod seiner Frau veränderte noch einmal das Leben von

Fritz Heidegger. Da die Nachbarin sich um ihm kümmerte, konnte er in seinem Haus bleiben. Die Söhne besuchte er gelegentlich, Thomas in Bonndorf im Schwarzwald und Heinrich in St. Blasien, wo er von 1971 an Pfarrer war. 1970 erlitt er einen Lendenwirbelbruch, von dem er sich wieder erholte. Er erfreute sich guter Gesundheit und war geistig wach bis zuletzt. Die letzten vier Wochen war er etwas hinfällig, er war beim Sohn Thomas zu Besuch und wollte nach Hause. Dort angelangt, ging er gleich am ersten Abend zum «Dämmerschoppen». Am Morgen hatte er einen Herzinfarkt; die Nachbarin fand ihn am Boden liegend und brachte ihn ins Krankenhaus nach Pfullendorf. Dort starb er drei Tage später still und sanft: am 26. Juni 1980.

Wie schrieb er in seinen Gedankensplittern: «Wenn du auf allen Vieren gehst, kommst du in die Lichtung des Seins. Was heißt das? Wenn du die Phantasie ausschaltest, jene Phantasie, die sich immer wieder an die Stelle des eigentlichen ruhigen Erkennens stellen möchte, die immer beunruhigt, stumpft, anzettelt, herumgeistert, in Erinnerungen wühlt und beißt, schmeichelt und streichelt – diese Phantasie ausschalten, d. h. symbolisch: auf allen Vieren gehen – dann kommst du in die Lichtung des Seins. Auch das ist symbolisch ausgedrückt, nein, doch nicht. Denn die Lichtung des Seins betrachte ich als den Vorhof, den Grund für das Eigentliche: für Seine Gegenwart. Lichtung des Seins, das ist ein vorzügliches Vehikel, eine gütige Handreichung, eine besondere Gnade.»

27. Die Gelassenheit

In seinem «Feldweggespräch über das Denken», das Martin Heidegger 1944 und 1945 niedergeschrieben hat, unterhalten sich ein «Forscher», ein «Gelehrter» und ein «Lehrer». Es ist ein Dialog in der Tradition Platons, könnte man sagen, freilich einer, der sich nicht in Rede und Gegenrede vollzieht, sondern im gemeinsamen Ringen um das rechte Verständnis der «Gelassenheit»; die drei Personen sind drei Stimmen, in denen sich der Philosoph äußert: «Zur Erörterung der Gelassenheit» ist der Titel des Gesprächs.

Was ist die Gelassenheit? Jedenfalls nicht das, was wir üblicherweise darunter verstehen, wenn wir sagen, einer blieb gelassen. Das ist ein dürftiger Rest dessen, was ursprünglich gemeint war. Das Wort geht zurück auf den wortgewaltigen Dominikanermönch Meister Eckhart, der im 13. Jahrhundert erste Ansätze der philosophischen Begrifflichkeit schuf, die bis heute die deutsche Sprache auszeichnen. Deshalb erwähnt Martin Heidegger denn auch Eckhart im Gespräch: «... wie dies bei älteren Meistern des Denkens, z. B. dem Meister Eckhart, geschieht.»

Das Gespräch beginnt mit der Frage nach dem Wesen des Menschen, ganz im Sinne der Phänomenologie sollte man meinen, doch gerade deren Ansatz wird sogleich verworfen: «... die Frage nach dem Wesen des Menschen sei keine Frage nach dem Menschen». Die Auszeichnung des Menschen sei das Denken, also gehe es darum, das Denken zu bestimmen, nicht aber so, wie es herkömmlich geschieht, daß Denken ein Wollen genannt werde. Das (wahre) Denken sei eben kein Wollen und das Wollen sei zu überwinden, um zu diesem Denken zu kommen. Das Nicht-Wollen sei aber auch kein Akt des Wollens, etwa im Sinne von: ich will nicht wollen. Es gehe um Gelassenheit: wer das Wollen zurücklasse, der gelange zur Gelassenheit. Gelassenheit werde nicht bewirkt, sondern zugelassen.

«Der Übergang aus dem Wollen in die Gelassenheit scheint mir das Schwierige zu sein», sagt der Forscher. Und der Gelehrte: «Und dies vor allem dadurch, daß auch die Gelassenheit noch innerhalb des Willensbereichs gedacht werden kann, wie dies bei älteren Meistern des Denkens, z. B. dem Meister Eckhart, geschieht.» Der Lehrer: «Von dem gleichwohl viel Gutes zu lernen ist.» Der Gelehrte: «Gewiß; aber die von uns genannte Gelassenheit meint doch offenbar nicht das Abwerfen der sündigen Eigensucht und das Fahrenlassen des Eigenwillens zugunsten des göttlichen Willens.» Der Lehrer: «Das nicht.»

Meister Eckhart wird hier mißverstanden: denn genau das, was

Heidegger erstrebt, ist auch das, was der alte Meister aufzeigt. Ein Blick in die genannte Predigt, in der er Matthäus 5, 3 auslegt, belegt dies: «Ich habe vorhin gesagt, das sei ein armer Mensch, der nicht einmal den Willen Gottes erfüllen will, der vielmehr so lebe, daß er seines eigenen Willens und des Willens Gottes so ledig sei, wie er es war, als er noch nicht war.» Wie er war, als er noch nicht war: also ohne jeglichen Willen, auch ohne den Willen, den Willen Gottes zu erfüllen. Gerade die, die behaupten, der Mensch müsse seinen eigenen Willen nicht erfüllen, um den Willen Gottes zu erfüllen, die nennt Eckhart abschätzig Esel. Eckhart selbst war kein Esel, wie der Gelehrte im Gespräch Martin Heideggers ihm vorhält; Heidegger übergeht, was Eckhart in dieser Predigt, die wie in einem Brennglas seine Überlegungen zu Gott und Mensch zusammenfaßt, leistet; ob mit Absicht oder ohne Absicht, sei dahingestellt. Martin Heideggers Leistung wäre nicht weniger orginell, wenn sie sich als eine zeitgemäße und darin durchaus kreative Neu-Formulierung einer Position Eckharts herausstellte. Auch Meister Eckhart war gewissermaßen nicht originell, denn dieser grundlegende Gedanke ist älter als er. Vielleicht liegt darin die enorme Bedeutung Martin Heideggers, daß er einen alten grundlegenden Gedanken aufs neue den Menschen nahebrachte, die ihn in der gewohnten Sprache nicht mehr erkennen konnten. Er fand neue Worte dafür. Und so erschien er wieder neu.

Eckhart bezeichnet jedenfalls erst den Menschen als wahrhaft arm, «der keine Stätte sei noch habe, darin Gott wirken könne». Er soll dermaßen frei sein, daß er nicht nur frei von seinem und Gottes Willen, sondern auch frei von Gott ist: «Darum bitte ich Gott, daß er mich Gottes quitt mache.» Er muß sich also gewissermaßen ver- oder zernichten, um den Stand zu erreichen, den er hatte, bevor er Kreatur wurde – aber auch den Stand, der war, bevor Gott selbst Kreatur wurde. Hier ist, im Heideggerschen Sinne, Gott ein Seiendes, also mit den Worten Eckharts: Gott ist schon der «Beginn der Kreaturen».

Eckhart: «Denn mein wesentliches Sein ist oberhalb von Gott, sofern wir Gott als Beginn der Kreaturen fassen. In jenem Sein Gottes nämlich, wo Gott über allem Sein und über aller Unterschiedenheit ist, dort war ich selber, da wollte ich mich selber und erkannte mich selber... Und darum bin ich Ursache meiner selbst meinem Sein nach, das ewig ist, nicht aber meinem Werden nach, das zeitlich ist.» Es gibt also den Gott, der den Beginn aller Kreaturen darstellt, den Beginn der Schöpfung und der insofern Teil der Schöpfung ist, und es gibt darüber hinaus den Gott, der «über allem Sein» steht, also jenseits der Schöpfung, jenseits des Seienden, im Heideggerschen Sinn also das Sein selbst ist.

Eckhart unterscheidet deshalb zwischen Gott und Gottheit: «Gottheit und Gott sind so verschieden voneinander wie der Himmel von der Erde.» Es ist der Unterschied zwischen dem höchsten Sein, das jenseits alles Geschaffenen ist (Gottheit), und dem Anteil des Göttlichen an allem Geschaffenen (Gott).

Heidegger führt auf seine eigenwillige Weise in dieselbe Richtung, könnte man sagen. Der Leser muß sich auf ihn einlassen, um mitgenommen zu werden. Daß er etwas zeigen möchte, was vom Herkömmlichen abweicht, markiert er durch neue Worte, die er aus alten formt. Es geht also darum zu warten, nicht zu erwarten. Wer erwartet, weiß, was er will. Wer wartet, ist offen für das, was kommt. Er soll sich auf die Gegend einlassen: «Dem Wort nach wäre die Gegend das, was uns entgegenkommt...». Gegend lautete in älterer Form «Gegnet» und «meint die freie Weite». Nun deutet er das Warten und Ruhen an, die Weite und die Weile, so daß der Forscher einwendet, er könne sich «dabei nichts vorstellen». Gerade das wird erstrebt. Im Vorstellen wird alles zum Gegenstand, es ist nicht mehr es selbst, sondern es ist im Hinblick auf mich, es wird Gegenstand meines Willens und Wissens. Denken aber solle kein Vorstellen sein.

«Das Verhältnis zur Gegnet ist das Warten. Und Warten heißt: auf das Offene der Gegnet sich einlassen.» Der Gelehrte: «Also in die Gegnet eingehen.» Der Forscher: «Das hört sich an, als seien wir zuvor außerhalb der Gegnet gewesen.» Daraufhin der Lehrer: «Das sind wir und sind es doch nicht.» Wir sind nie außerhalb der Gegnet, meint er, insofern wir ihr angehören eben als Teil der Gegnet (als Teil der Natur, ließe sich vielleicht sagen), und zugleich draußen sind, insofern wir als denkende Wesen sie gewissermaßen von außen betrachten. Diese Betrachtung sollte durch die Gelassenheit bestimmt werden, die Gelassenheit ist «das gemäße Verhältnis zur Gegnet».

Die Umschreibungen, mit denen diese Gelassenheit immer wieder umkreist wird, sind eine Möglichkeit zu sagen, was gemeint ist, ohne ins herkömmliche Vorstellen zu verfallen, die andere Möglichkeit ist es, sie «via negationis» zu bezeichnen, also durch das, was sie eben nicht ist. Hier kommt die Haltung des Naturwissenschaftlers, etwa des Physikers zur Natur, als Kontrast ins Gespräch: die Beziehung zwischen Ich und Gegenstand, die «oft genannte Subjekt-Objekt-Beziehung.» Sie ist nur eine geschichtliche Abwandlung des Verhältnisses des Menschen zum Ding, insofern die Dinge zu Gegenständen werden; sie werden unterworfen. Und dies, bevor sie ihr Dingwesen erreichten. So wie der Mensch zum Subjekt wurde, ehe «das Wesen des Menschen zu sich selbst zurückkehren durfte». Diese Haltung des Menschen zur Welt, die er unterwirft und verwertet, ohne zu sich selbst und zur Welt gekommen zu sein, ist Teil eines geschichtlichen Prozesses, den wir hinnehmen müssen.

In der Rede «Gelassenheit», die Martin Heidegger als Festrede zum 175. Geburtstag des Komponisten Conradin Kreutzer in seiner Heimatstadt hielt, ist er der Technik gegenüber noch offener; die Rede ist zehn Jahre später entstanden als das Gespräch «Zur Erörterung der Gelassenheit», also 1955; zusammen mit dem Gespräch wurde sie 1959 als handliches Heft veröffentlicht. Hier ist die Gelassenheit nun die empfohlene Haltung zur Technik, merkwürdig genug, war sie doch zuvor – ganz im Sinne Meister Eckharts – die Voraussetzung zur Einsicht in die Gegnet, zur Erfahrung der Gegnet.

«Ich möchte diese Haltung des gleichzeitigen Ja und Nein zur technischen Welt mit einem alten Wort nennen: die Gelassenheit zu den Dingen.» Ja und Nein. Oder, wie er zuvor sagt: «Wir können zwar die technischen Gegenstände benutzen und doch zugleich bei aller sachgerechten Benützung uns von ihnen so freihalten, daß wir sie jederzeit loslassen.» Also eine durchaus pragmatische Haltung, die es uns ermöglicht, in der technischen Welt zu leben, anderes bleibt uns ja nicht übrig, und uns ihr doch nicht auszuliefern. Das meint nun das gute alte Wort «Gelassenheit.» Also keine fundamentalistische Sicht, wie sie der Technik gegenüber, gerade der Atomtechnik, die er anführt, so häufig vertreten wird.

Den Sinn des geschichtlichen Prozesses, der zur technischen Welt geführt hat, weiß er nicht zu nennen; doch für ihn offen zu bleiben, hält er für nötig. Und nun folgt wiederum ein großes Wort, das aus anderen Zusammenhängen kommt: «die Offenheit für das Geheimnis», nämlich das Geheimnis der technischen Welt. Er sieht das Signum der Zeit, er sieht es kritisch, aber nicht polemisch: «Es wäre töricht, blindlings gegen die technische Welt anzurennen.» Er konstatiert den geschichtlichen Prozeß, den wir hinnehmen müssen; der Prozeß hat seinen Sinn, auch wenn wir ihn noch nicht erkennen. So bleibt uns: Gelassenheit. Und: Offenheit, Offenheit für das Geheimnis.

Im Januar 1976 bat Martin Heidegger den Theologen Bernhard Welte, den Meßkircher, der in Freiburg Professor war, zu einem Gespräch. Welte hatte ihm zuvor seine Abhandlung «Gott im Denken Heideggers» geschickt. Welte besuchte ihn am 14. Januar 1976. «Wir sprachen auch über die Vorlesung, die ich damals hielt, es war eine Vorlesung über Meister Eckhart, und so wieder ein religiöser Kontext. Mit Meister Eckhart war Heidegger seit langem vertraut. So fragte er im Laufe jenes Gesprächs mit einer bedächtigen und ihres Weges sicheren Frage nach der Abgeschiedenheit im Sinne Meister Eckharts. Das Thema hatte eine verborgene Aktualität in dieser merkwürdigen Stunde.»

Zuvor hatte Martin Heidegger Bernhard Welte gebeten, bei seinem Begräbnis zu sprechen. Er wolle in Meßkirch, in der ihnen gemeinsamen Heimat begraben sein. Offensichtlich wollte er auch von einem katholischen Geistlichen auf diesem letzten Weg begleitet werden. Heimkehr also im doppelten Sinne: nach Meßkirch und in die Kirche? Am 26. Mai 1976 ist Heidegger sanft entschlafen, am 28. Mai fand die Beerdigung in Meßkirch statt, Bernhard Welte hielt die Ansprache, Heinrich Heidegger zelebrierte.

Welte in Erinnerung an sein letztes Gespräch mit Martin Heidegger: «Heidegger hielt am Heimatlichen der Heimat fest und erkannte es für sich in der kleinen Stadt seiner Geburt, Meßkirch, und in der weiträumigen Landschaft, die dazugehört, und in den merkwürdigen und oft hintersinnigen Menschen, die dort leben.» Hintersinnig, das erinnert an «kuinzig», ein Wort, das Martin und Fritz Heidegger gerne benutzten, dessen Bedeutung dem Ortsfremden aber schwer zu erläutern ist. Fritz Heidegger hat es einmal versucht; als ihn Studiendirektor Kühn aus Sigmaringen nach der Bedeutung des Wortes fragte, sagte er nach langem Schweigen: «Kuinzig, das bedeutet, einen hinters Licht führen; aber anders als sonst das Wort gebraucht wird. Wenn du im Licht stehst, siehst du nichts; wenn du hinter dem Licht stehst, siehst du alles. Kuinzig sein bedeutet also: sich selbst oder einen anderen hinters Licht führen.»

Nachwort

Ich habe versucht, in 27 Skizzen ein Bild der Provinz von Meßkirch und Freiburg zu zeichnen; die Skizzen folgen einander
nicht immer chronologisch; in Kontrast und Ergänzung sollen sie
sich gegenseitig erhellen. In dieser Provinz sind zwei hochbegabte
Brüder aufgewachsen, hier haben sie gelebt, der eine berühmt
und erfolgreich wie wenige, der andere tapfer und bescheiden
wie viele. Die Provinz bot den beiden Brüdern eine Fülle, die
Großstädte kaum zu bieten haben; vielleicht ist es das, was Heimat heißt. Provinz zunächst im Sinne von Region: also geographische, geschichtliche, kulturelle Gegebenheit, die den Menschen
prägt und ihm Nähe gibt – in der Familie, mit den Freunden, den
Nachbarn in der überschaubaren Gemeinde, im überlieferten
Dialekt. Provinz sodann im weitergehenden Sinne als geistige Le-
benswelt, gespannt zwischen Kirche und Staat, zwischen Theologie und Philosophie, zwischen Literatur und Musik.

So verbinden sich die alltäglichen Erfahrungen in der Kleinstadt der Händler und Gewerbetreibenden, der Bauern und
Handwerker mit der jahrtausendealten Tradition, die Kirche und
Schule damals noch lehrten: die Heilige Schrift, das hebräische
Alte und das griechische Neue Testament, die Lektüre der griechischen Philosophen und Schriftsteller – Plato, Thukydides, So-
phokles – und die Lektüre der lateinischen Poeten und Historiker
– Horaz, Cicero, Tacitus –, die Griechen und Römer im Original
gelesen, versteht sich, schließlich der große Shakespeare und die
deutschen Klassiker Goethe, Schiller, Hölderlin. Eine pädagogi-
sche Provinz? Welch eine weite Welt!

Diese weite Welt wollte ich skizzieren und die umstürzenden
Veränderungen, die alle Menschen des 20. Jahrhunderts zu erleiden hatten, ob sie wollten oder nicht; diese stellten alles, was
überliefert war, in Frage: Kirche und Monarchie, materielle und
ideelle Werte; sie verstörten und sie zerstörten. Und die unter-
schiedlichsten Versuche, Altes krampfhaft festzuhalten oder Neues
radikal zu verwirklichen, führten zu den schrecklichsten Verhee-

rungen der europäischen Geschichte. Entziehen konnte sich ihnen niemand.

Die Umwälzungen wollte ich an den Reaktionen von Martin und Fritz Heidegger skizzieren. Als die Brüder geboren wurden, gab es noch keine Maschinen in Meßkirch; als sie starben, waren die Menschen schon umstellt von Apparaten. Was uns heute selbstverständlich ist, war ihnen neu. Sie mußten es bewältigen, verarbeiten. Die Nachgeborenen sind immer klüger als die Zeitgenossen.

Meine Sympathie gehört Fritz Heidegger, seiner Klugheit, seinem Humor, seiner Beständigkeit; das ist wohl deutlich geworden. Meine Bewunderung gehört dem Philosophen Martin Heidegger; sein Irrtum von 1933 ist gerade deshalb für mich schmerzlich. Wer groß denkt, der irrt groß, hat er gesagt. Ich meine, er hat groß gedacht und klein geirrt. Und dieses Kleine, auch Kleinliche, das ich an Martin Heidegger mitunter bemerke, am Menschen, nicht am Philosophen, ist nicht nur Frucht des Kleinbürgertums, aus dem er stammt. Merkwürdigerweise ist Fritz Heidegger, der sich aus diesem kleinbürgerlichen Milieu nicht entfernte, frei davon: in seinem Handeln und in seinem Denken stand er souverän über den Kleinbürgern, mit denen er zusammenlebte und deren Eigenarten er manchmal bissig, manchmal liebevoll charakterisierte.

Daß der Kassierer der Kreditkasse von Meßkirch im Jahre 1933 und danach klüger und mutiger war als der Philosoph der Universität Freiburg, das nimmt mich natürlich für ihn ein. Und es stellt sich mir die Frage nach der mangelnden Klugheit der Intellektuellen, zu denen ich mich zähle. Intelligent sind sie, das gehört zu ihrem Beruf, aber klug sind sie nicht immer. Klug in den Dingen des Alltags, klug im Umgang mit Menschen, in sozialen Beziehungen und gesellschaftlichen, auch ökonomischen Problemen. Das mag auch daran liegen, daß sie gewissermaßen den Boden unter den Füßen verloren haben in einer arbeitsteiligen Welt. Es wäre Grund genug, sich bescheiden auf sein Ressort zu beschränken. Doch Intellektuelle, also Literaten, Geisteswissenschaftler, Publizisten, machen sich oft anheischig, über alles und jedes jederzeit mitreden zu können.

In der Lebenshaltung von Fritz Heidegger erkenne ich auch einen Anschein dieser Klugheit, die früher Handwerker, Bauern, Händler besaßen: in ihrem Lebenskreis waren sie zu Hause; sie hatten sich aufgrund ihrer Erfahrung eine Urteilsfähigkeit erarbeitet, jedenfalls in den Dingen des täglichen Bedarfs und Umgangs, den sie überblickten. Diese Lebensklugheit reichte aber schließlich nicht mehr für die fortschreitende Industriegesellschaft aus. Alte Orientierungen wurden hinfällig, neue mußten gesucht werden. Die Stunde der Intellektuellen schlug, die anscheinend einen höheren Bedarf an Erklärungen haben als die normalen Bürger, die mit dem Broterwerb und der Erziehung der Kinder dermaßen beschäftigt sind, daß sie selten über den Tag hinaus denken. Und wenn, dann reichen ihnen die traditionellen Richtlinien, wie sie die Kirche zu bieten hat. Doch auch diese Richtlinien wurden brüchig. Die alte Kraft der Kirche schien zu schwinden, sie wurde zerrieben zwischen der Anpassung an den Zeitgeist und der Abwehr desselben.

Martin Heidegger empfand die Weltanschauung der katholischen Kirche, in die er hineinwuchs, mehr und mehr als Bedrängnis und Verengung, jedenfalls von dem Augenblick an, als sein philosophisches Denken erwachte, angeregt von Franz Brentanos Schrift, die ihm Conrad Gröber im Konstanzer Konradihaus gab. Das fein ausgearbeitete System des Thomismus, der Theologie des Thomas von Aquin, das damals in Gestalt des von Papst Leo XIII. eng ausgelegten «Neuthomismus» einzig die katholische Theologie bestimmte, mußte er als ein Korsett betrachten, in das er mit seinen Gedanken sich hätte einschnüren lassen. Er wollte frei denken, er wollte selbständig denken. So mußte sein Weg sich von der Amtskirche entfernen. Das erklärt auch seine zeitweise schroffe Ablehnung der katholischen Philosophie. Gerade das, was uns nahe ist, weisen wir, wenn wir uns von ihm trennen, scharf zurück. So war die Loslösung von der Theologie die notwendige Voraussetzung seiner eigenen und eigenständigen Philosophie. Erst später, als er sich in und mit seiner Philosophie etabliert hatte, konnte er sich der katholischen Kirche wieder deutlicher nähern.

Fritz Heidegger blieb trotz aller Vorbehalte gegen einzelne Vertreter der Kirche und einzelne Maßnahmen der Kirche ihr lebenslang verbunden, auch in seinem Denken. Freilich richtete sich sein Denken weniger an der Theologie des Thomas von Aquin aus als an der «negativen Theologie» des Meisters Eckhart. «Negative Theologie» meint: das Wesen Gottes ist nicht auszusprechen, es sei denn in Verneinungen – wir können nur sagen, was er nicht ist –, oder in Paradoxa – wir können nur zeigen, daß er jenseits unserer Logik liegt: «Gott ist ein Wort, ein ungesprochen Wort.» Und in dem Punkt, in der Wertschätzung des alten Meisters, hat Fritz wieder Ähnlichkeit mit seinem Bruder Martin, dessen Philosophie, nicht nur in seiner Erörterung der Gelassenheit, Meister Eckhart verpflichtet ist; Otto Pöggeler etwa hat darauf hingewiesen.

Fritz wäre sicher ein guter Pfarrer geworden; mit seinem Humor, mit seiner gelegentlichen Grobheit auf jeden Fall ein großartiger Prediger. Er hatte nicht die Chance dazu. So kann man seinen Lebensweg auch als den Weg eines betrachten, der nicht die Möglichkeit hatte, seine Talente in seinem Beruf voll zu entfalten. Sie reichten darüber hinaus. Insofern ragte er auch über seine Mitbürger hinaus, denn diese gingen doch in der Regel in dem Lebenskreis auf, in dem sie standen. Er nicht. Das mag ihm auch das Kauzige des Originals gegeben haben; er war einer, der sich nicht voll ausleben konnte. Und gerade darin mag er auch wieder für viele andere stehen, die nicht bekannt werden, weil sie keinen berühmten Bruder haben wie er.

Diese faszinieren mich, die sogenannten kleinen Leute: sie sind selten Gegenstand einer Untersuchung, gar einer Biographie; es gibt nichts Besonderes über sie zu vermelden, und doch sind sie es, die das gesellschaftliche Leben in Gang halten, und nicht die wenigen Herausragenden, über die wir informiert werden. Und in vielen Fällen sind sie besser und klüger als diese.

Das Wenige, das ich über Fritz Heidegger erfahren konnte, vor allem von seinem Sohn Heinrich, habe ich hier mitgeteilt. Eine Fülle seiner Schriften liegt mir in Abschriften seines Sohnes vor. Ich lese mit Freude und Gewinn darin. Eine Auswahl würde ich gerne veröffentlichen. Ob es in seinem Sinne wäre, der auf seine Weise bescheiden war und in seinen Überlegungen um Demut rang, weiß ich nicht zu sagen.

Bescheidenheit ist nicht das Merkmal des Intellektuellen. Er muß sich hervortun, sich behaupten im öffentlichen Konkurrenzkampf. Je mehr er von sich überzeugt ist, um so mehr überzeugt er die anderen von sich, so scheint es. Hochmut, von der Kirche einmal als Laster betrachtet, ist hier eine Tugend. Hannah Arendt hat es in ihrem erwähnten Brief an Kurt Blumenfeld vom 16. Dezember 1957 das «Besessensein von der eigenen einzigartigen Persönlichkeit» genannt. Sie sieht diese Haltung nicht nur an Martin Heidegger, sondern an dem Typus des Intellektuellen überhaupt; sie nennt auch den jüdischen Religionsphilosophen Gershom Scholem. Freilich konstatiert sie auch Martin Heideggers Genialität; er hatte also Grund, eingebildet zu sein. Oder, wie Hannah Arendt meint, gerade deshalb hätte er es nicht nötig gehabt.

Was wäre aus Martin Heidegger geworden, hätte er die theologische Laufbahn eingeschlagen? Ein Dorfpfarrer wohl nicht, ein bekannter Theologe auf jeden Fall, etwa mit Bernhard Welte vergleichbar oder gar mit Karl Rahner? In der Kirche angesehen, auch an der Fakultät und darüber hinaus. Die Philosophie bot nicht von vorneherein die Gewähr, ein bekannter Gelehrter zu werden. Er hätte auch einer der vielen Hochschullehrer werden können, die man kaum über ihr Fach hinaus kennt. Daß er so großen Ruhm erntete, muß andere Gründe haben. Er hatte eine Kraft und eine Ausstrahlung wie wenige; zu erklären ist das nicht, nur festzustellen. Wie wäre sonst zu verstehen, daß ihm so viele bedeutende Schüler wurden: Hannah Arendt, Hans Jonas, Karl Löwith wenigstens zu nennen. Nicht auf jeden wirkte diese Kraft gleich eindrucksvoll: Jonas Cohn sah sie nicht, er sah im Philosophieren Heideggers nur das, was mit seiner Schulphilosophie nicht übereinstimmte. Die anderen sahen mehr; da muß doch etwas gewesen sein in der Ausstrahlung der Persönlichkeit, das auf dem Papier nicht zu überliefern ist. Jedenfalls hat es diese Schüler beflügelt zu eigenem Denken. Und das ist das Schönste, was man über einen Lehrer sagen kann.

Seinen eigenwilligen Weg sind sie nicht gegangen, also den Weg, den er gewiesen hat: zum Denken des Seins, das nur durch Gelassenheit, durch Warten, also durch Glück, besser durch Gnade gegeben wird. Nicht nur Zen-Buddhisten haben Ähnlichkeiten zu ihrem Ziel in des späten Heideggers Überlegungen erkannt. Die christliche Tradition der Mystik ist darin versteckt. Mit neuen Worten, da die alten leer geworden sind, spricht Martin Heidegger die alte Weisheit aus. Und darin liegt, so scheint mir, seine Größe.

Der Philosoph redet. Wir lesen seine Worte. Was sollen wir tun? Handlungsanweisungen gibt er nicht. Die Kirche redet nicht nur, sie handelt – im Gottesdienst und im Gebet –, und sie gibt Anleitungen zum Handeln. Nur wer handelt, kann das mit Worten bezeichnete Ziel zu erreichen hoffen, nämlich durch Gebet, durch Askese und Meditation. So wie es die Mönche des Zen-Buddhismus tun und die Mönche in den christlichen Klöstern. Deshalb zog es Martin Heidegger immer wieder zum heimischen Kloster Beuron. Dort bei den Benediktiner-Mönchen fand er die innere Ruhe, die er brauchte.

Schon als Student fuhr er in den Semesterferien gerne mit dem Fahrrad von Meßkirch nach Beuron, um die Klosterbibliothek zu nutzen. Mit dem Bibliothekar P. Anselm freundete er sich an, eine Freundschaft, die ein Leben lang hielt. 1929, nach der Rückkehr aus Marburg, 1930 und 1931 war er jeweils einige Zeit in Beuron, er hielt dort auch Vorträge vor den Mönchen, bis dies Unwillen beim Erzbischöflichen Ordinariat in Freiburg hervorrief. Die Besuche hörten auf, der Kontakt blieb. 1950 beginnen die Besuche wieder mit den Aufenthalten in der Heimatstadt. Fritz Heidegger, der mit einigen Mönchen befreundet war, und Martin fuhren gerne gemeinsam von Meßkirch dorthin. Einige Male feierten sie dort auch das Martinsfest am 11. November: es ist Martins Namenstag und das Patrozinium der Erzabtei, die dem Hl. Martin geweiht ist.

Am 12. September 1929 schrieb Martin Heidegger an Elisabeth Blochmann, mit der er Kloster Beuron besucht hatte: «Die Vergangenheit des menschlichen Daseins im Großen ist nicht nichts, sondern das, wohin wir immer wieder zurückkehren. Wenn wir in die Tiefe gewachsen sind. Aber diese Rückkehr ist keine Übernahme des Gewesenen, sondern die Verwandlung. So muß der heutige Katholizismus, der Protestantismus nicht minder, ein Greuel bleiben – und doch wird Beuron, wenn ich es kurz so nenne, als Samenkorn für etwas Wesentliches sich entfalten.»

Fritz Heidegger war verbindlicher. Er suchte beide miteinander zu verbinden, Theologie und Philosophie, den Erzbischof und den Philosophen; die geliebte Eisenbahn nahm er als Bild zu Hilfe. In seinem Brief an Erzbischof Conrad Gröber zu dessen Goldenem Priesterjubiläum 1947 schrieb er: «Hochwürdiger Herr Erzbischof sind der eine Schienenstrang und Martin Heidegger der andere Schienenstrang des einen und selben Gleises. Es wird die Zeit kommen, wo Bernhard Welte die unsichtbare Verbindung zwischen beiden herstellt. Ich glaube nicht an den Gegensatz zwischen dem Gott der Philosophen und dem Vater Jesu Christi. Die Sache ist verzwickter und ihr Finale das Tantum ergo» (Lobgesang auf das Sakrament der Eucharistie).

Danksagung

Mein Dank gilt zuerst meiner ehemaligen Tutorin Anja Kasseckert, die, in Meßkirch gebürtig, mir in Berlin behilflich war, ein Bild vom entlegenen «Geniewinkel» zu erfassen. Sie besorgte die nötigen Unterlagen, sie stellte die wichtigen Kontakte her. So zu Armin Heim, dem bekannten Historiker Meßkirchs, der mir seine Erinnerungen an Fritz Heidegger aufschrieb, so zu Helmut Weißhaupt, der mir seine aufschlußreiche Examensarbeit zur Verfügung stellte: Die NS-Zeit in Meßkirch, Freiburg 1990. Ihnen habe ich zu danken.

Zu danken habe ich auch Margret Heitmann vom Salomon-Ludwig-Steinheim-Institut für deutsch-jüdische Geschichte an der Gerhard Mercator-Universität Duisburg. Dort liegt der Nachlaß des Freiburger Philosophie-Professors Jonas Cohn, dessen Aufzeichnungen zu Martin Heidegger Margret Heitmann mir in Kopie zugänglich machte, aus denen ich einiges zitierte. Diese Aufzeichnungen harren noch der Auswertung.

Vor allem aber habe ich Dank zu sagen Pfarrer i.R. Heinrich Heidegger, Sohn des von mir geschätzten Fritz Heidegger, der mir Einblick in seine Familie gab, der mir Namen und Daten nannte und meine Einsicht beförderte. Er half mir auch, die gröbsten Fehler zu vermeiden, die dem Außenstehenden unterlaufen, und er stellte mir vertrauensvoll Aufzeichnungen seines Vaters zur Verfügung, die auf Sichtung und Publikation warten. Natürlich bin ich für das, was ich hier geschrieben habe, allein verantwortlich.

Meine Begegnung mit Pfarrer Heidegger, meine Korrespondenz mit ihm, der mir stets freundlich zugewandt war, wurde für mich zum eigentlichen Gewinn beim Schreiben dieses Büchleins, mit dem ich wiederum bestrebt bin, Einsicht und Verständnis bei anderen zu fördern – zunächst und vor allem für Leben und Werk der beiden Brüder.

Hans Dieter Zimmermann   *Berlin-Lübars, 11. November 2004*

Anhang

*Aus einem Brief Fritz Heideggers an Conrad Gröber, geboren 1872 in Meß-
kirch, Erzbischof von Freiburg 1932 bis zu seinem Tode 1948, aus Anlaß des
Goldenen Priesterjubiläums am 26.10.1947 in Freiburg.*

Wenn Sie ein kleiner Roßnarr waren (wie ich), kannten Sie alle Gäule von
Meßkirch; die vier vom Seppermichele (gegenüber dem Winkelekuz), die
acht Chaisenpferde vom Löwen und die starken Bierwagenpferde bei
Stärk und bei Färber, und vielleicht – höchstes Glück eines Meßbuben –
waren Sie Läuter, kannten Sie sämtliche Glocken aus der Nähe nach Art
und Klang – O diese Glocken! Die alte «Große» (gegossen 1598) sprang
und starb anno 1927 an Ostern, als meine Mutter im Sterben lag; ihre
Zwillingsschwester, die Klanei, ist heute allein von den größeren übrig,
verlassen von der jahrhundertealten Liebe der Läuterbuben; hart und
schrill und klagend tönt sie heute, ohne Seele und inneren Schwung,
nach und nach zu Tode geschunden vom unbarmherzigen elektrischen
Strom. Bei ihr blieb nur noch das Kinde (Kindelehr), früher geläutet
zur Christenlehre, zum Totenrosenkranz und den «Kindsleichen». Ihr
gegenüber hing das rein und hell klingende Salve. Beide waren Stiefkin-
der; sie zogen sich schwer, konnten nicht aufgefangen werden; zu ihnen
kommandierte der Oberläuter nur die «Lehrlinge», kleine Kerle von
Schnerkingen.

Und die Zwölfe, die stolze, gegossen während der Entdeckung Ameri-
kas, mit ihrem hohen Arm, war nur von geübten Kräften zu bedienen.
Rechts hinter der «Großen» hing das Dreie (3 Uhr läuten), das Sterbe-
glöckchen; bei Mannsbildern wurde am Schluß dreimal angeschlagen;
bei Frauenzimmern nur zweimal.

Und die Dulaken «über dem Balkon» unter dem Turmdach! Und das
Rätschen! (O selige Karwochenzeit!)

Und das Frühläuten am Weihnachtsmorgen, am Fronleichnamstag,
das Maienaufstellen danach, und zum Schluß die knusprigen Brezele
beim Beckeboos.

Und die andere Wunderwelt – das Ministrieren! Vor allem im Winter
im Advent, in den Rorateämtern, wo man (selige Kälte!) in den Leinen-
hemden fast zusammenfror; das matte Licht der Kerzen in den Bänken,
das Jubeln des «Tauet Himmel»!

Der große Jahrtag! Jeder zelebrierte auf seine Art. Man kannte alle Eigenarten des Einzelnen.

Der Meßkircher Anton Bruckner, der kleine Urnau, der nie ein Ende
fand vor dem «Dominus vobiscum». Und der arme Ussländer!
All dieses ist keine bloße Kinderromantik; ich glaube an das Weben
und Walten des Hl. Geistes in den unscheinbarsten Erlebnissen.
Wer in der Sakristei und bei den Meßkircher Glocken, in ihrer un-
mittelbaren Nähe aufgewachsen ist, bleibt und wird, was er ist, selbst
scheinbar gegen seinen Willen.
Der altkatholische Mesner Bosch überreichte seinerzeit dem Martin,
meinem Bruder, die Kirchenschlüssel; das war die Übergabe der Stadt-
kirche.
Sie, Hochwürdigster Herr Erzbischof, sind der eine Schienenstrang,
und Martin ist der andere Schienenstrang des einen und selben Gleises. Es wird die Zeit kommen, wo Bernhard Welte die unsichtbare Verbindung zwischen Beiden herstellt. Ich glaube nicht an den Gegensatz
zwischen dem «Gott der Philosophen» und dem «Vater Jesu Christi». Die
Sache ist verzwickter und ihr Finale das «Tantum ergo».

*Aus einem Brief Fritz Heideggers an Pfarrer und Geistlichen Rat Franz Karl
Hubert Ehret in Weildorf bei Salem. Franz K. H. Ehret (1882–1959) war
vor und nach dem 1. Weltkrieg Vikar in Meßkirch, danach Pfarrer in Schwen-
ningen (Heuberg) und Weildorf bei Salem.*

(…)
Wenn auch das Menschenleben kurz ist, so kommt einem der Weg
doch eigentlich lang vor und abwechslungsreich. Was hat nicht der einzelne, Sie selbst und ich, alles erfahren und durchgemacht, seitdem Sie
bei Gröber in Konstanz Kaplan waren. Wie hat sich die Welt verändert,
wie sind die Maßstäbe zu allem größer und andere geworden! Manche
Dunkelheiten haben sich aufgehellt und manche Selbstverständlichkei-
ten haben sich als Rätsel herausgestellt. Ich bleibe zwar zeitlebens ein
Krüppel und ein etwas komischer Mensch; ich bin ja auch an einem Fastnachtsdienstag zur Welt gekommen und wollte in einigen Tagen schon
wieder abreisen, weshalb man mich mitten im Alltag, am darauffolgen-
den Freitag, schleunigst zur Taufe in die Herz-Jesu-Kirche brachte, wo
der damalige Vikar Schwarz (mein ehemaliger Beichtvater im Konradihaus) sich meiner armen Seele erbarmte und mir die Taufe spendete.
Zum Taufschmaus gab es dann wie üblich am Freitag Brennsuppe und
Grazete. Dieses Überhoppte und Provisorische ist mir geblieben. Dazu-

gekommen ist nur der Hang zum Nachdenken und ein fast urwüchsiger Instinkt für das Wesen alles Katholischen. Dieses Letztere befähigt mich, in den Regionen aller Religionen und der verschiedenartigsten Philosophien herumzubummeln, nicht ohne immer wieder neue Bestätigungen für die Wahrheiten meiner Sehnsucht zu gewinnen und einzuheimsen. Diese etwas merkwürdige Sicherheit ohne jede Starrheit und Enge ist auch meinem Bruder Martin schon oft aufgefallen. Ich habe es verlernt, Martin für ein absolutes Genie zu halten und lerne allmählich, das wirklich Große an ihm mit der natürlichen menschlichen Beschränkung und Einschränkung zu sehen. Aber ich möchte fast sagen: ich verbürge mich für ihn in der Ewigkeit; wer Martin nicht als in der Meßkircher Sakristei aufgewachsenen Mesnerbuben kennt, hat seine Philosophie nicht begriffen, wenn auch der äußere Anschein oft anders aussieht; ich glaube gerade bei Martin an das Walten der Vorsehung und an das Weben des Hl. Geistes in der beständigen Nähe des Abgrundes.

Heinrich Heidegger über seinen Onkel Martin Heidegger

Meßkirch, den 8. Oktober 2002

Lieber Herr Professor Dr. Zimmermann,
Sie fragen mich in Ihrem Brief nach meinem Verhältnis zu meinem Onkel Martin; ich versuche, auf Ihre Frage einzugehen, auch wenn nicht alles in einem Brief zu beantworten ist. Für Außenstehende scheint es manchmal kurios, dass ein Neffe des berühmten Philosophen katholischer Pfarrer geworden ist; es gab auch schon welche, die meinten, ich hätte den Beruf gewählt, weil es «beim Martin nicht geklappt» habe. Was wir theologisch mit «Berufung» bezeichnen, ist ein Geheimnis, das der Berufene selbst auch nicht durchschaut. Die wenigsten werden durch außerordentliche Ereignisse berufen, die meisten sind geprägt vom Elternhaus, von ihren Freunden und Bekannten, wohl auch von guten Pfarrern, wie Hans Küng in seiner Biographie «Erkämpfte Freiheit» erzählt.

Onkel Martin war bei uns einfach zuhause, vor allem seit jener Zeit (Herbst 1938), in der die meisten seiner Manuscripte bei uns im Hause lagerten und mein Vater mit dem Abschreiben der Manuscripte begann. Wegen der drohenden Kriegsgefahr und den möglichen Folgen wollte Onkel Martin einem Verlust vorbeugen und ließ durch meinen Vater eine Abschrift mit mehreren Durchschriften anfertigen; bald merkte er auch, daß er anhand der Abschriften leichter als bisher mit seinen Manuscripten schaffen konnte. Das alles erforderte ein vermehrtes Miteinander der beiden Brüder, so daß Onkel Martin nicht nur «Besuche», sondern Arbeitsurlaube bei uns verbrachte. In unserer Bubenzeit ahnten wir mehr als wir wußten um seine Bedeutung als Philosoph; doch mit seinem einfachen Lebensstil, ob hier bei uns oder in Freiburg oder auf der Hütte, hatten wir es leicht, ihn als einen von uns zu betrachten. Ob wir stolz auf ihn waren? Vielleicht schon, aber nicht eingebildet. Wenn man einen «großen Namen» trägt, gewöhnt man sich von Kindheit daran; ein Vorteil war, daß wir auch unsere Umwelt testen konnten, was wir z. B. in der Schule mit unseren Lehrern getan haben. In der Meßkircher Realschule ist man damit nicht aufgefallen; deutlich bewußt wurde mir dies in der Zeit als Flakhelfer in Kornwestheim; wir hatten zeitweise Hermann Römpp als Lehrer, mit dessen Chemiebuch wir unsere chemischen «Versuche» durchführten. Hermann Römpp fragte direkt: «verwandt mit Martin Heidegger?», so wie er auch meinen Freund Gerhard nach seinen Verwandten Sättele fragte. Frug ein Lehrer nicht oder brummt er vor sich hin: «den Namen habe ich doch schon mal gehört», dann ahnten wir es und fanden es im kommenden Unterricht bestätigt, daß mit dem Lehrer nicht all zu viel los war.

Natürlich mussten wir uns als Buben, wenn der Onkel hier war, etwas anpassen; wir durften nicht zu laut sein, was uns nicht schwer fiel, da wir unsere Freizeit zumeist draußen verbrachten. Ein Radio oder auch Musikinstrumente besaßen wir nicht. Onkel Martin war im Umgang nicht kompliziert; wenn wir auf der Hütte in Ferien waren, spielte er auch mal mit uns Karten und anderes; im Januar 1944, bei meinem ersten Skiaufenthalt auf der Hütte, war er mir ein strenger Skilehrer, der mir einige Kniffe beibrachte; wir waren zuhause ja einfach auf die Skier gestanden und die kleinen Abhänge hinuntergefahren; bei ihm mußte ich die Stemmbogen üben und nochmals üben.

Die Leute haben seltsame Vorstellungen von Philosophen; sie meinen, ein solcher müsse immer «in Gedanken» sein; natürlich kam das vor; ich erinnere mich an eine größere Wanderung in Donautal, wohl im Jahre 1942, wie er, als wir am Schloß Bronnen vorbeigingen, sein Notizbüchlein aus der Tasche zog und etwas hineinkritzelte; der Freund meines Vater, Herr Gamber, fragte ihn, was er da schreibe; Onkel Martin sagte ihm, es sei ihm gerade ein Gedanke gekommen, den er aufschreiben müsse. Doch solches geschah sehr selten; im Kreis der Familie oder beim Stammtisch in der «Ratsstube» oder später im «Hotel» (gemeint ist das Hotel «Hofgarten») war er wie jeder andere; zwar führte mein Vater eher das Wort, aber er war nie ein Bremser. Er kümmerte sich von jeher um die Vorkommnisse in den Familien, was aus seinen Briefen von Anfang an zu ersehen ist; die Freuden und Sorgen wurden miteinander geteilt; wie oft unterschrieb er seine Briefe mit «Euer Bruder, Schwager und Onkel».

Als es gegen Ende des Krieges räumlich eng wurde in unserem kleinen Haus – wir hatten eine bombengeschädigte Frau mit ihrem Kind aufzunehmen –, da paßte er sich selbstverständlich an, räumte das Gastzimmer und schlief zeitweilig in unserem Bubenzimmer mit seinen drei Betten; gut, Thomas war schon seit 1943 eingezogen, ich folgte im Herbst 1944; das alles schweißte uns zusammen. Das geschah gerade auch in den letzten Monaten des Krieges: ich war gerade als Flakhelfer entlassen, als Meßkirch am 22.2.1945 bombardiert wurde; Onkel Martin konnte seine zwei Manuscripte aus dem Safe der zerstörten Volksbank selber bergen; er verhandelte dort mit dem Hauptmann der Landesschützen und den RAD-Führern, daß sie ihre Leute herbeiordern, um die Verschütteten zu bergen; er konnte auch einige Tage später den Hauptmann überreden, dafür zu sorgen, daß mein Vater als Landesschütze, zu denen er seit dem 5. Januar eingezogen worden war, von Radolfzell nach hier versetzt wurde. Wir zersägten zusammen Trümmerholz, um unseren Splittergraben, den wir im Garten ausgehoben hatten, damit abzudecken; man wußte ja nicht, ob hier eines Tages Kampfhandlungen stattfinden werden; Gräben auszuheben waren wir gewohnt seit unserer «Schanzarbeit» im Herbst 1944 im Elsaß. Als ich anfangs April 1945 noch nach Ulm eingezogen wurde, begleiteten mich Vater und Onkel um 24 Uhr zum Bahnhof; die Züge fuhren damals nur noch nachts. Das alles brachte uns zusammen, auch wenn wir nicht miteinander philosophierten; er war auch dankbar, daß ich Vater beim Abschreiben half, wenn er zeitlich in Bedrängnis war. Onkel Martin brauchte dann und wann weitere Abschriften von Vorträgen und kleineren Arbeiten; da es noch keine Kopiergeräte gab, mußte man die Abschriften nochmals abschreiben; weil ich mich im Maschinenschreiben etwas eingeübt hatte durch das Abschreiben lateinischer Texte für den Unterricht (in der Volksbank gab es hierfür einen Vervielfältigungsapparat), habe ich es gewagt, von den Abschriften weitere Abschriften herzustellen, z.B. «Der Ursprung des Kunstwerks»; natürlich habe ich vom Text nicht allzuviel verstanden.

Wir haben zuhause viel politisiert in jener Zeit; Vater hörte beim Nachbarn die ausländischen Sender, und Onkel Martin brachte bei seinen Besuchen stets neue Nachrichten mit, auch mit viel Hintergrundwissen, weil er mehr und andere Kontakte als wir hatte. Wir wußten schon, daß er 1933 Rektor der Universität war, aber das war längst vergangen: ich hatte nie gedacht, dass er PG (Parteigenosse) gewesen wäre; so war ich erstaunt, als er mir im Februar 1944 am Freiburger Hauptbahnhof, wo wir auf den Zug warteten, sagte, er müsse jetzt das Parteiabzeichen tragen; er schlug sein Revers um, wo das Abzeichen befestigt war. Mancher legt das heute als Feigheit und Unehrlichkeit aus, doch wissen die heutigen Kritiker nicht, was es bedeutet, in einer Diktatur zu leben, insbesondere in einer, die am Zusammenbrechen war und die in ihren Untergang auch alle anderen mitreißen wollte.

Sein Einlassen auf das Naziregime 1933 wurde mir erst nach dem Krieg in vollem Maße bewußt; ich lernte allerdings auch Lehrer kennen, die Onkel Martin 1934 und in den folgenden Jahren an der Uni hörten, die damals sehr deutlich die Zwischentöne vernahmen, aus denen seine Kritik am Naziregime zu hören waren. Daß er in jenen Jahren bespitzelt wurde, wußte er; nicht umsonst hatte Onkel Martin meinen Vater um das Abschreiben der «Beiträge» gebeten, die er keinem seiner Schüler anvertrauen wollte.

Als er nach meinem Abitur 1948 von meiner Berufsentscheidung hörte, war er darüber nicht überrascht; er habe es fast erwartet und war auch erfreut, wie er meinem Vater sagte. Das Studium brachte mich nach Freiburg, wo ich während des Semesters alle 14 Tage auf den «Rötebuck» ging; unser Verhältnis änderte sich nicht; ich mußte ihm von den Vorlesungen berichten, nicht nur von den philosophischen; ihn interessierten auch die theologischen Disziplinen. Die älteren Professoren waren z. T. noch sehr vorsichtig, erst die jüngeren wie Anton Vögtle und Alfons Deissler wagten sich mit ihren neuen Forschungen an die Öffentlichkeit. Im 3. Semester, als er merkte, dass ich «bei der Stange» blieb, zog er plötzlich aus seinem Bücherregal sein kleines Handmissale hervor und schenkte es mir; es war nicht irgendwo abgelagert, sondern stand mitten unter seinen Büchern. Als ich wenige Wochen später in der Franz-Josef-Straße einen Ohnmachtsanfall erlitt und bewußtlos in die Klinik transportiert wurde, war er sofort zur Stelle, veranlaßte genauere Untersuchungen durch einen befreundeten Pathologen; er besuchte mich jede Woche; war es vielleicht die Erinnerung an seinen Zusammenbruch am Ende seines 3. Semesters 1910/11? Ich weiß es nicht; ich weiß nur, wie fürsorglich er sich damals um mich kümmerte. Bei alledem wußte ich ja, wie reserviert er gegenüber der Kirche als Institution war; seine Erfahrungen aus der Studienzeit wie die Engführung der Theologie auf die Neuscholastik, die Behinderung der Theologen durch die Päpstliche Bibelkommission mögen ihn mehr geprägt haben als es allgemein bekannt ist; die wöchentlichen Bibellesungen mit Rudolf Bultmann in seiner Marburger Zeit werden ein Übriges getan haben; und Tante Elfride stand ihm hier nicht nach. Aber auch sie nahm meine Berufsentscheidung sehr gut an; da gab es kein «wie kann man auch» und dergleichen; sie war wie immer tolerant und großzügig, auch wenn wir in theologischen Fragen himmelweit auseinander lagen.

Durch ein Mißverständnis war es nicht möglich geworden, daß Onkel Martin an der Feier der Priesterweihe im Freiburger Münster teilnehmen konnte. Aber zwei Tage später stand er plötzlich an der Pforte des Priesterseminars in St. Peter; der Regens ließ mich suchen, und so trafen wir uns im Zimmer des Regens Dr. Holzapfel. Über die Begrüßung und den Glückwunsch schreibe ich nichts; das bleibt mein Geheimnis. Wer mehr darüber wissen will, kann die Tischrede bei der Primizfeier lesen und die Zwischentöne heraushören. (GA Bd. 16, S. 488 ff). Das Primizgeschenk, die Migne-Ausgabe der Augustinus-Werke spricht für sich selbst. In seinem Begleitbrief – die elf Bände kamen einige Zeit später an – schreibt er, daß ich wohl in den ersten Berufsjahren wenig Zeit finden werde für den «Augustinus», aber später wird «Dir die regelmäßige Lesung seiner Predigten und Kommentare viel Bereicherung und Anregung schenken und Du wirst erfahren, dass hier eine unerschöpfliche Quelle fließt.» Da muß ich allerdings gestehen, dass ich auch in den späteren Jahren lieber zu einer Übersetzung gegriffen habe als zum lateinischen Text.

Durch eine gute Fügung wurde mir im April 1961 die Gemeinde Schwandorf im ehemaligen Kreis Stockach als 1. Pfarrstelle zugewiesen. Schwandorf liegt 12 km von Meßkirch entfernt. Das bedeutete, daß ich auch zu Onkel Martin weiterhin nahen Kontakt hatte, wenn er in Meßkirch weilte, nicht nur daß er bei der Investiturfeier am 13. Mai 1962 anwesend war und eine kurze Tischansprache hielt: er schenkte mir die «Deutschen Schriften» meines Namenspatrons Heinrich Seuse und zitierte daraus ein wesentliches Wort aus dem «Büchlein der Wahrheit» (Kap. VII, Schluß); er nahm auch später großen Anteil an der Arbeit des Dorfpfarrers. Er hatte allerdings eine altertümliche Ansicht darüber und meinte, was beim Weggang nach St. Blasien herauskam, daß ein Pfarrer sein Leben lang im Dorf zu bleiben habe, um es zu prägen und zu formen. Die Veränderungen der dörflichen Struktur gerade in den 6oer Jahren waren uns damals noch nicht so klar wie heute, wir standen mitten drin in diesem Prozeß, den wir nicht aufhalten konnten. Onkel Martin merkte es auch selbst an dem Wandel, den «sein» Dorf Todtnauberg durchmachte, als es sich dem modernen Tourismus öffnete.

Es freute ihn sehr, daß ich 1971 die Pfarrei St. Blasien übernahm und deutete dies als Auszeichnung; doch mußte ich ihn aufklären, daß ich der einzige Bewerber um diese Pfarrstelle gewesen bin und der Personalchef sehr froh war, daß sich überhaupt einer dafür gemeldet hatte. Nun kam ich wieder öfters nach Freiburg ins Erzbischöfliche Ordinariat und in andere Gremien; wenn es die Zeit erlaubte, besuchte ich die beiden regelmäßig; es gab herzliche Gespräche, weil beide wißbegierig waren über die heutige Pastoral. Das Geschehen auf dem 2. Vatikanischen Konzil (1962–65) hatten sie mitverfolgt, wenn auch nicht in den vielen Einzelheiten, aber die Öffnung der Kirche auf die heutige Welt machte einen großen Eindruck auf sie. Der Onkel kam selbst nicht mehr zu einem Besuch nach St. Blasien. Eigenartig war allerdings, daß er nie etwas erzählt hatte von seinem Aufenthalt mit Paul Celan in St. Blasien im Sommer 1967; das erfuhr ich erst später von Professor Richard Baumann.

Auch wenn er viel Kontakt hatte mit Theologen, die ihn wegen philosophischer Fragen aufsuchten, blieb er doch der modernen katholischen Theologie eher verschlossen; im zunehmenden Alter interessiert man sich auch nicht mehr für alles, was in der Welt vor sich geht. Rudolf Bultmann schickte ihm seine Werke – und umgekehrt wohl auch, was der längst zu erwartende Briefwechsel von beiden zeigen wird. Bei aller Achtung und Wertschätzung, die er den Brüdern Rahner, de Lubac, Congar u.a. entgegenbrachte, scheint es doch, daß er die Erfahrungen seiner Jugendzeit, der Streit der Theologen mit dem Lehramt in Rom, die Engführung der Theologie auf die Neuscholastik usw. nicht vergessen hat; mit seinem Herzen hing er an der Tübinger Schule, nicht umsonst schenkte er meinem Vater zu dessen 60. Geburtstag die sechsbändige Dogmatik des Tübinger Theologen Johannes Kuhn.

Ich finde es gut, dass Sie in Kapitel 27 «Gelassenheit» auf Meister Eckhart eingehen; über ihn kann man auch die Gottesfrage bei meinem Onkel einordnen; er spricht als Philosoph nicht vom christlichen Gott, weil er die Gottheit Gottes «denken» möchte, was man nicht als eine Aussage gegen den christlichen Glauben deuten darf. So sagte er einmal einem Theologen, dessen Namen ich vergessen habe: würde er eine Theologie schreiben, käme das Wort «Sein» nicht vor; Eckhart konnte ja auch sagen: «Gott ist seiender, schöpferischer, lebendiger Geist, nicht eigentlich Sein zu nennen, das erst seine Schöpfung ist.»(zitiert nach Herder-Korrespondenz 6/02, S. 309) Darum sagte auch Bernhard Welte einmal: Martin Heidegger gleiche dem Zeigefinger des Johannes des Täufers auf dem Gemälde des Isenheimer Altars; er weise in dieser säkularisierten Welt auf Gott hin, ohne das Wort «Gott» zu gebrauchen.

Ob er wohl die Gott-losigkeit, die Gottvergessenheit des 20. Jahrhunderts in seinem Herzen durchgelitten hat? Diese Frage wird wohl noch ganze Bibliotheken füllen.

Mit den Besuchen war es in seinen letzten Lebensjahren umgekehrt: wenn mein Vater bei mir in St. Blasien oder bei meinem Bruder in Bonndorf weilte, fuhren wir mit ihm nicht mehr zum «Rötebuck», sondern in den «Fillipach»; auf ihrem Grundstück hatten Tante und Onkel sich einen Bungalow bauen lassen, der von der anderen Straße «Im Fillipach» zu erreichen war. In diesen Jahren war Onkel Martin über jede persönliche Nachricht von zuhause und Meßkirch froh und dankbar. Bei einem dieser Besuche kam er auf seine Beerdigung zu sprechen und er bat mich, diese zu gegebener Zeit vorzunehmen, weil er in Meßkirch beerdigt sein wollte. Wir besprachen zu dritt die einzelnen Riten; daß Bernhard Welte die Ansprache halten sollte, erfuhr ich allerdings erst nach seinem Sterben, so daß ich mich mit Bernhard Welte absprechen und auf seine Vorgaben Rücksicht nehmen musste.

Manche Fragen bleiben in einem solchen Brief offen, zumal ich subjektiv von meinen Erfahrungen berichte; andere mögen manches anders sehen, aber Sie wollten ja einiges wissen von meinem Verhältnis zu meinem Onkel Martin.

Als ich vor über 40 Jahren das Schwandorfer Pfarrhaus bezog, hatte Onkel Martin meinen Eltern nahegelegt, sein Bild und das seiner Mutter, die Ernst Rieß 1930 geschaffen hatte und die seit 1934 unser Wohnzimmer schmückten, mir zu übergeben; und so hängen die beiden Bilder seither in meinem Arbeitszimmer in dem «guten Andenken», das er mir in seiner Primizansprache anempfohlen hatte.

Mit herzlichen Grüßen   *Heinrich Heidegger*

Bibliographie

Nur die Werke Martin Heideggers, aus denen ich zitiere, nenne ich hier, und vor allem die Sekundärliteratur, die im Text genannt wird.

Martin Heidegger

Martin Heidegger: Über den Humanismus. Frankfurt a. M. 1949 ff. (Unter dem Titel «Brief über den Humanismus» in der Gesamtausgabe, 1. Abteilung, Band 9)

Martin Heidegger: Gelassenheit. Zur Erörterung der Gelassenheit. Pfullingen 1959 ff. («Gelassenheit» auch in der Gesamtausgabe, 1. Abteilung, Band 16, und «Zur Erörterung der Gelassenheit» in Band 13)

Martin Heidegger: Ansprache zum Heimatabend am 22. Juli 1961. In: 700 Jahre Stadt Meßkirch. Hg. von der Stadt Meßkirch. 1961. (Auch in der Gesamtausgabe, 1. Abteilung, Band 16)

Martin Heidegger: Tischrede zum 70. Geburtstag des Bruders am 6. Februar 1964. – Ansprache zum 80. Geburtstag des Bruders am 6. Februar 1974. In: Reden und andere Zeugnisse eines Lebensweges 1910–1976. Hg. von Hermann Heidegger. Gesamtausgabe, 1. Abteilung, Band 16. Frankfurt a. M. 1983

Martin Heidegger: Vom Geheimnis des Glockenturms. – Der Feldweg. – Gelassenheit. In: Martin Heidegger. Zum 80. Geburtstag von seiner Heimatstadt Meßkirch. Frankfurt a. M. 1969. («Vom Geheimnis des Glokkenturms» und «Der Feldweg» auch in der Gesamtausgabe, 1. Abteilung, Band 13)

Martin Heidegger: Antwort. Martin Heidegger im Gespräch. Hg. von G. Neske und E. Kettering. Pfullingen 1988.

Martin Heidegger: Erinnerung an Martin Heidegger. Hg. von G. Neske. Pfullingen 1977. – Darin: Medard Boss: Zollikoner Seminare. – Hans Jonas: Heideggers Entschlossenheit und Entschluß. – Bernhard Welte: Erinnerung an ein spätes Gespräch.

Guido Schneeberger (Hg.): Nachlese zu Heidegger. Dokumente zu seinem Leben und Denken. Bern 1962. Darin: Aufruf Martin Heideggers zur Volksabstimmung am 12. November 1933 und «Warum bleiben wir in der Provinz?» zur Hütte in Todtnauberg vom 7. März 1934. (Der Aufruf ist auch unter dem Titel «Ansprache am 11. November 1933 in Leipzig» enthalten in der Gesamtausgabe, 1. Abteilung, Band 16)

Heinrich Wiegand Petzet: Auf einen Stern zugehen. Begegnungen und Gespräche mit Martin Heidegger 1929–1976. Frankfurt a. M. 1983.
Hugo Ott: Martin Heidegger. Unterwegs zu seiner Biographie. Frankfurt a. M. 1988, (S. 263 ff. über die katholischen Dozenten).

Fritz Heidegger

Fritz Heidegger: Erfülltes Leben. In: Festschrift der Conradin-Kreutzer-Stadt Meßkirch. Hg. vom Kreutzer-Chor. Meßkirch 1949.
Fritz Heidegger: Festschrift zum 100jährigen Jubiläum der Volksbank Meßkirch. Meßkirch am 31. Mai 1964. Hg. von der Volksbank Meßkirch.
Fritz Heidegger: Ein Geburtstagsbrief des Bruders (Zum 80. Geburtstag von Martin Heidegger). In: Martin Heidegger. Zum 80. Geburtstag von seiner Heimatstadt Meßkirch, a.a.O.
Luzia Braun: Da-Da-Da-Sein. Fritz Heidegger: Holzwege zur Sprache. Die Zeit, 22. September 1989, S. 58.
Andreas Müller: Der Scheinwerfer. Anekdoten und Gespräche um Fritz Heidegger. Meßkirch 1989.
Heinrich Heidegger: Ruhestand. Impressionen des pensionierten Bankbeamten Fritz Heidegger. In: Curiositas. Festschrift für Franz Hundsschnurscher, erzbischöflichen Archivdirektor. Hg. von Karl-Heinz Braun und Christoph Schmider. Freiburg 1998.
Frank-Rutger Hausmann: Ein Verleger und seine Autoren. Vittorio Klostermann im Gespräch mit Martin Heidegger, Ernst Jünger, Friedrich Georg Jünger. Frankfurt a. M. 1992. (Über Fritz Heidegger S. 20 ff.)

Zu Martin und Fritz Heidegger

Hannah Arendt – Heinrich Blücher. Briefe 1936–1968. Hg. von Lotte Köhler. München 1996.
Hannah Arendt – Martin Heidegger: Briefe 1925–1975 und andere Zeugnisse. Aus dem Nachlaß hg. von Ursula Ludz. Frankfurt a. M. 1999.
Hannah Arendt: Vita activa oder Vom tätigen Leben. München 1981.
Jörg Altwegg (Hg.): Die Heidegger-Kontroverse. Frankfurt a.M. 1988.
Walter Biemel: Martin Heidegger mit Selbstzeugnissen und Dokumenten. Reinbek 1973.

Walter Biemel/Hans Saner (Hg.): Briefwechsel Martin Heidegger – Karl Jaspers. Frankfurt a. M. und München 1990.

Meister Eckhart: Deutsche Predigten und Traktate. Hrg. und übersetzt von Josef Quint. Zürich 1979.

Margret Heitmann: Jonas Cohn (1869–1947). Das Problem der unendlichen Aufgabe in Wissenschaft und Religion. Hildesheim 1999. Wege deutsch-jüdischer Geschichte und Kultur, Band 1.

Karl Löwith: Mein Leben in Deutschland vor und nach 1933. Ein Bericht. Frankfurt a. M. 1989.

Robert Minder: Heidegger und Hebel oder die Sprache von Meßkirch. In: Dichter in der Gesellschaft. Frankfurt a. M. 1972. S. 234–294.

Otto Pöggeler: Der Denkweg Martin Heideggers. Pfullingen 1983.

Otto Pöggeler: Mystische Elemente im Denken Heideggers und im Dichten Celans. In: Mystik ohne Gott? Hg. von Wolfgang Böhme. Herrenalber Texte 39. Bad Herrenalb 1982.

Rüdiger Safranski: Ein Meister aus Deutschland. Heidegger und seine Zeit. Frankfurt a. M. 1997.

Johannes Schaber OSB: Te lucis ante terminum. Martin Heidegger und das benediktinische Mönchtum. In: Edith Stein Jahrbuch, Band 8: Das Mönchtum. Würzburg 2002. S. 281–294.

Hans Rainer Sepp (Hg.): Edmund Husserl und die phänomenologische Bewegung. Freiburg 1988.

Edith Stein: Briefe an Roman Ingarden. Hg. von M. Amata Neyer. Freiburg 1991.

Bernhard Welte: Gott im Denken Heideggers. In: Zeit und Geheimnis. Freiburg 1975.

Zu Meßkirch und Umgebung

Heiko Haumann und Hans Schadek (Hg.): Geschichte der Stadt Freiburg im Breisgau. Band 3: Von der badischen Herrschaft bis zur Gegenwart. Stuttgart 1992.

Armin Heim (Hg.): Ein Spaziergang durch das alte Meßkirch. Mit Texten von Karl Gommeringer. Meßkirch 1995. Heimatkundliche Schriften, Band 3. (A. Gmeiner).

Landkreis Sigmaringen. Von der Diktatur zur Besatzung. Das Kriegsende 1945 im Gebiet des heutigen Landkreises Sigmaringen. Heimatkundliche Schriftenreihe des Landkreises Sigmaringen, Band 4. Sigmaringen 1995. – Darin: Otto H. Becker: Kriegsende und Besatzungszeit in Sigmaringen 1944/45. – Armin Heim: Das Kriegsende 1945 im ehemaligen Amtsbezirk Meßkirch.

Arnulf Moser: Das französische Befreiungskomitee auf der Insel Mainau und das Ende der deutsch-französischen Collaboration 1944/45. Konstanzer Geschichts- und Rechtsquellen, Band 25. Sigmaringen 1980.

Bruno Schwalbach: Erzbischof Conrad Gröber und die nationalsozialistische Diktatur. Karlsruhe 1986. (Dort die Zitate von und zu Gröber)

Harald Steffahn: Die Weiße Rose mit Selbstzeugnissen und Bilddokumenten. Reinbek 1992.

Helmut Weißhaupt: Die NS-Zeit in Meßkirch. Eine lokalgeschichtliche Untersuchung. Wissenschaftliche Hausarbeit für die erste Staatsprüfung für das Lehramt. Freiburg 1990 (Manuskript).

Helmut Weißhaupt: Die Entwicklung der NSDAP in Meßkirch bis 1934. In: Meßkircher Heimathefte, Nr. 5, 1999, S. 57–80.

Bernhard Welte: Sprüche aus dem alten Meßkirch. Gesammelt und erläutert von B. Welte. In: Hegau. Zeitschrift für Geschichte, Volkskunde und Naturkunde des Gebietes zwischen Rhein, Donau und Bodensee, 26. Jg., H. 38, 1981, S. 7–38.